Adolph Gerstaecker

Über die geographische Verbreitung und die Abhänderungen der Honigbiene

Nebst Bemerkungen über die ausländischen Honigbienen der alten Welt

Adolph Gerstaecker

Über die geographische Verbreitung und die Abhänderungen der Honigbiene
Nebst Bemerkungen über die ausländischen Honigbienen der alten Welt

ISBN/EAN: 9783742844415

Hergestellt in Europa, USA, Kanada, Australien, Japan

Cover: Foto ©ninafisch / pixelio.de

Manufactured and distributed by brebook publishing software (www.brebook.com)

Adolph Gerstaecker

Über die geographische Verbreitung und die Abhänderungen der Honigbiene

Eintritts-Ausweis

für Herrn

Zur

XI. Wander-Versammlung
Deutscher Bienenwirthe

zu

Potsdam

am 17., 18. und 19. September 1862.

Inhalt:

a) Über die geographische Verbreitung und die Abänderungen der Honigbiene nebst Bemerkungen über die ausländischen Honigbienen der alten Welt. Von Dr. A. Gerstäcker.

b) Bericht über den Stand der Bienenzucht in der Mark. Von Pastor Roubel.

Potsdam, 1862.

Gedruckt bei C. Krämer.

Über die geographische Verbreitung und die Abänderungen der Honigbiene nebst Bemerkungen über die ausländischen Honigbienen der alten Welt.

Von
Dr. A. Gerstäcker,
Docenten an der Universität zu Berlin.

Acclimatisation und Domesticirung, für deren Beförderung sich neuerdings zahlreiche Vereine gebildet haben, datiren ihren Beginn seit den Uranfängen menschlicher Cultur; es sind Begriffe, die gleichsam mit der Vorstellung einer ersten Existenz des Menschen selbst zusammenfallen. Daß dies schon die Alten unbewußt fühlt, geahnt haben, geht aus ihrer dichterischen Darstellung vom Urzustande des Menschengeschlechtes deutlich hervor: das goldene Zeitalter der Hellenen, das biblische Paradies, wie sie auf einer gleichen kindlich poetischen Anschauung beruhen, konnten bei einer gewissen Realistik ihrer Dichter nur durch das übereinstimmende Postulat der Domesticirung eine Lebensfähigkeit, einen inneren Gehalt gewinnen. Allerdings suchen beide Dichtungen den ersten Menschen aller ererbten, aller angewöhnten Attribute, des Luxus, der Sünde, der Arbeit zu entkleiden und stellen ihn uns in „paradiesischer" Unschuld und Einfalt dar; da sie ihn aber der physischen Bedürfnisse nicht wohl entledigen können, so umgeben sie ihn gleich mit Einrichtungen, die nicht dem Ur-, sondern dem Culturzustande entlehnt sind, die also den Anschauungen und Erfahrungen des Dichters und seiner Zeit entsprechen. Zwar soll sich ihnen zufolge der Mensch zuerst nur von des Waldes Früchten und Thieren ernähren; doch damit er dies könne, damit er das Wild erlege, geben sie ihm den Hund, und zwar nicht, wie er ursprünglich sein mußte, wild und ungebändigt, sondern gleich zahm und seinem Gebieter treu ergeben zur Seite: damit er Milch und Kleidung habe, gesellen sie ihm das gleichfalls bereits gezähmte Schaf und Rind bei. Es leuchtet sofort ein, daß in beiden Darstellungen der ideell aufgefaßte Mensch in eine reale, wenn auch noch so einfache Welt versetzt wird: darin

1

stimmt die „heilige" Dichtung vom Paradiese mit der profan
vom goldenen Zeitalter vollkommen überein. Ein Unterschd
zwischen beiden besteht nur darin, daß die Griechen, wie sie übe
haupt dem Transcendentalen ferner standen als die Juden, i
goldenes Zeitalter in dem Lande, das sie seit Alters her bewohnte
spielen ließen, während der Dichter der Mosaischen Schöpfung
geschichte das Paradies in ein gesegneteres und entfernteres La
versetzte, um es dem Vergleich mit der nächsten Umgebung
entrücken, um es mit dem Schleier der Ahnung, der Mystik
umhüllen.

Eine geistesarme Orthodoxie hat es ihrer Zeit für wünschen
werth erachtet, die geographische Lage des biblischen Paradies
zu fixiren. Auf einer Dichtung fußend, konnte eine derarti
Untersuchung dem Unbefangenen nur absurd erscheinen und i
negativen Resultate kaum befremden; indem man nach den v
in der Mosaischen Erzählung erwähnten Flußarmen suchte, ver
man auf die von einander entferntesten Länderstrecken von Ägy
ten bis nach Ostindien, ohne zu einer Einigung zu gelange
Von anderer Seite her hat man derselben Nachforschung weni
stens eine rationellere Grundlage dadurch zu geben versucht, d
man die Erzählung vom Paradiese als eine Symbolisirung d
Uranfänge menschlicher Cultur auffaßte und mithin dem Au
gangspunkte der Civilisation auf die Spur zu kommen strebt
ein Problem, dessen Lösung den Historiker, den Linguisten, de
Naturforscher in gleich hohem Maaße interessiren mußte, ohne i
dessen begreiflicherweise auf historischem Wege herbeigeführt we
den zu können. Hätten uns die monumentalen, die literarische
Forschungen wirklich um ein Paar tausend Jahre weiter, als f
es in der That konnten, auf sichere Spuren zurückgeführt, wi
wären dem Endziel dadurch um Nichts näher gerückt worden
So mußte dieser Weg als unfruchtbar verlassen und mit der
Rückschluß von der historischen Zeit auf die Vergangenheit ver
tauscht werden, um möglicher Weise aus der Betrachtung de
Verlaufes der Culturgeschichte zu Aufschlüssen über ihre Anfäng
zu gelangen. Da nun die Geschichte offenbar lehrt, daß sich di

vilisation vom Südwesten Asiens und Nordosten Afrika's aus, wo sie sich zuerst in historischen Überlieferungen und in Denkmälern manifestirte, zunächst auf den Süden Europa's verbreitete, von hier aus aber auf den Norden Europa's und die übrigen Welttheile übertrug, so läge wenigstens scheinbar der Schluß nahe, es sei etwa in irgend einem Punkte des mittleren Asiens ihr anfänglicher Ausgangspunkt zu suchen sei: ein Schluß, der vielleicht durch die ebenfalls Asien entstammende Völkerwanderung, welche das Römische Reich zu Grabe trug, noch bekräftigt scheinen könnte. Ein solcher Schluß würde indessen einerseits zugleich die Annahme eines centralen Schöpfungsheerdes und eines einmaligen Schöpfungs=Actes involviren, welcher nach Wilhelm v. Humboldt's Untersuchungen im Bereich der Sprachen gewichtige Gründe entgegenstehen; andererseits ist er aber nur scheinbar zutreffend, da wir beim Mangel älterer historischer Daten nicht zu der Annahme berechtigt sein können, irgend einem Lande, welches zur Zeit seines Auftauchens in der Geschichte uncivilisirt war, die Cultur in einer vorhergehenden Periode abzusprechen.

Einer der Hauptpunkte, auf welche man bei der Herleitung der menschlichen Civilisation aus dem Inneren Asiens Gewicht gelegt hat, ist der, daß man für viele derjenigen Thiere und Pflanzen, welche den Menschen, so weit seine Erinnerungen reichen, notorisch begleitet haben, also für die sogenannten Hausthiere und Culturpflanzen den Nachweis liefern zu können glaubte, sie haben theils in Indien selbst, theils in der Strecke zwischen diesem Lande und dem Caspischen Meere ihre ursprüngliche Heimath, von der aus sie erst nach und nach und gleichzeitig mit dem Vorschreiten der Civilisation nach Westen hin verbreitet worden seien, gehabt. Was zunächst den letzteren Punkt betrifft, so ist ein historischer Nachweis für eine derartige Verbreitung aus Asien nach Europa meines Wissens bis jetzt für kein einziges Hausthier und unter den ältesten Culturpflanzen wohl nur für den Weinstock geliefert worden. Für diesen geht aus Tacitus' Angabe (Germania, cap. 23), daß nicht lange vor seiner Zeit das Getränk der alten Deutschen aus einem Safte von Gerste und Weizen

1*

bestanden habe und daß nur die dem Ufer zunächst wohnenden
Stämme auch Wein kauften, allerdings zur Genüge hervor,
daß dieses Gewächs damals in Deutschland weder bekannt noch
cultivirt war, wie denn auch nach historisch ziemlich verbürgter
Angaben die Übersiedelung desselben aus Gallien und Italien
erst im dritten Jahrhundert nach Chr. statt gefunden hat. Dagegen finden wir nach dem Zeugniß desselben Schriftstellers (Germania, cap. 15 und 23) zu der Zeit, wo die Römer zuerst
Germanien kennen lernten, von Culturpflanzen z. B. Gerste
und Weizen, von Hausthieren aber Pferde, Rinder und Schafe
bereits vollständig acclimatisirt und domesticirt vor: Beweis ge-
nug, daß die Annahme von einer gleichzeitigen Verbreitung derselben mit der Civilisation jeder Begründung entbehrt. Ob diese
Thiere und Gewächse in früheren Perioden nach Deutschland
transportirt, ob sie daselbst seit Alters heimisch gewesen sind,
darüber fehlt uns jede Gewißheit. Daß Gerste und Weizen, als
deren ursprüngliche Heimath man allgemein Vorder-Asien und
Süd-Europa ansieht, nicht etwa auf die weit zurückreichenden
und möglicher Weise bis nach der Ostsee ausgedehnten Schifffahr-
ten der Phönizier zurückzuführen seien, kann allerdings nicht be-
stritten werden; dagegen steht kaum zu vermuthen, daß ein Gleiches mit den erwähnten Hausthieren stattgefunden habe, deren
Verbreitung nach Deutschland man übrigens wohl noch weniger
mit der vorübergehenden Bekanntschaft, welche die Cimbern und
Teutonen nur hundert Jahre früher mit Rom machten, in Verbindung zu bringen geneigt sein wird. — Den zweiten Punkt,
die ursprüngliche Heimath unserer Hausthiere im Herzen Asiens
anlangend, so lassen uns leider unsere zoologischen Kenntnisse über
die Stammart vieler vollständig im Stich und wo dieselbe sicher
nachzuweisen ist, haben wir keine genügende Sicherheit, ob wir
sie im ursprünglich wilden, ob im verwilderten Zustande vor uns
haben. Ersteres ist z. B. mit unserm zahmen Rinde, letzteres
mit dem Pferde und Esel der Fall; der Umstand, daß die beiden
letztgenannten noch gegenwärtig über einen großen Theil Asiens
hin wild angetroffen werden, wird in seiner Beweiskraft durch die

rung getrübt, daß in den Steppen der La Plata-Länder
nte Pferde leicht verwildern und daselbst in großen Heerden
ilos leben, während doch für diesen Welttheil die Impor=
des Pferdes historisch gesichert ist. Für den Hund, dessen
mmung mit die größten Meinungs-Verschiedenheiten her=
rufen hat, glaubte allerdings Hobgson seiner Zeit den
mvater in dem Nepalischen Canis primaevus (C. Dukhu-
s Sykes) sicher aufgefunden zu haben, weil letzterer nach
Ansicht dem gezähmten bei weitem näher stehe, als alle
en bekannten Arten der Gattung. Indessen auch diese Ähn=
t, wenn sie in der That existiren sollte, hat durchaus keine
iskraft für die Abstammung des Hausbundes, da nach Eh=
erg's mündlicher Mittheilung in Abyssinien und Dongola
:zähmten Hunde zwar an verschiedenen Localitäten einen sehr
ichenden Typus von einander, überall aber eine entschiedene
ichkeit mit der in ihrer nächsten Umgebung wild vorkommen=
Art der Gattung Canis erkennen lassen, mithin auf eine
iischung zweier Arten, wie sie in dieser Gattung bekanntlich
eobachtet worden ist, hinweisen. Überdem hat man ja gerade
und, wenn auch durch Racen-Verschiedenheiten ausgezeichnet,
:zt überall, an den von einander entferntesten Punkten der
erfläche und selbst bei den uncivilisirtesten Völkern bereits
licirt und als ein seit Menschengedenken daselbst existirendes
öpf vorgefunden. Das Schaf endlich, dem menschlichen Heerde
ohne Frage mit am frühesten verknüpft, könnte sogar eher
als für eine allmähliche Verbreitung der Cultur von Asien
herangezogen werden. Wenn wir nämlich nicht auch für
Thier eine Rückkehr aus dem gezähmten in den wilden
nd, wofür kein Grund vorliegt, annehmen wollen, so würde
is der gegenwärtigen Verbreitung des Argali und Mufflon,
elchen man bis jetzt keine sicheren specifischen Unterschiede
l unter einander als vom Hausschaf hat entdecken können
te man daher mit großer Wahrscheinlichkeit als die Stamm=
des letzteren ansehen kann, eher auf eine gleichzeitige Cul=
: Asien und Süd-Europa schließen lassen.

Neben den genannten Säugetieren und einigen zum T[h]
erst in historischer Zeit dem menschlichen Haushalte annectir[ten]
Vögeln, über deren Abstammung wir fast durchweg im Rein[en]
sind, hat ein winziges und in seiner Gesammt-Organisation [so]
wesentlich abweichendes, dagegen durch den hohen Grad sei[ner]
intellectuellen Fähigkeiten jenen ebenbürtiges und manchen der[sel]
ben sogar überlegenes Geschöpf, die Honigbiene, den M[en]
schen seit den Uranfängen seiner Cultur begleitet. Über die A[b]
stammung derselben kann allerdings um so weniger ein Zwei[fel]
obwalten, als, wie wir später sehen werden, die in verschieden[en]
Theilen Europa's, in ganz Afrika und dem größten Theile Asie[ns]
auftretenden Formen derselben, welche man bisher irriger We[ise]
als besondere, wenn auch nahe verwandte Arten angesehen ha[t,]
durch kein einziges specifisches Merkmal von ihr verschieden si[nd]
und daher der Art nach mit ihr zusammenfallen. Dagegen the[ilt]
die Honigbiene mit unseren übrigen Hausthieren vollständig d[as]
Schicksal der Heimathlosigkeit; weder die Geschichts- noch [die]
Naturforschung hat ihr bis jetzt mit Sicherheit ihren Heimath[s]
schein ausstellen können, wobei freilich zu bemerken ist, daß [die]
Naturforschung dazu am wenigsten Anstrengung gemacht und, w[o]
sie es gethan, ihre Schlußfolgerungen bisher auf falschen Pr[ä]
missen basirt hat. Wir brauchen nur die sich vollständig entg[e]
genstehenden Ansichten einiger der hervorragendsten Entomolog[en]
und Bienenzüchter über die ursprüngliche Heimath der Biene [zu]
hören, um zu der Überzeugung zu gelangen, daß die Lösung di[e]
ser Frage noch kaum im Anfang begriffen ist. Der um d[ie]
Systematik der Bienen-Familie insbesondere verdiente Latreill[e,]
der gleichzeitig die Artenkenntniß der Honigbienen im Speciell[en]
wenigstens näher zu begründen gesucht hat, sagt in seinem b[e]
rühmt gewordenen Mémoire sur les abeilles (enthalten [in]
A. de Humboldt, Recueil d'observations de Zoologi[e]
p. 299 ff.): »L'une (sc. Apis mellifica Lin.) prédominante
plus generalement cultivée, probablement originair[e]
du nord, que l'on retrouve encore en Barbarie« ꝛc., glau[bt]
also, daß unsere nordische Biene, von der er die Italienische

gustica Spin., noch als eigene Art unterscheidet, ihre ur=
iche Heimath wahrscheinlich im Norden Europa's habe.
e Ansicht vertritt auch Brun in seinem Artikel über „Aus=
e Bienenracen" (Bienenzeitung 1858, S. 37 ff.) durch
rte: Ihre Südgränze sei das nördliche Afrika und der
unkt ihrer Existenz der Schwerpunkt Europa's. In ent=
setzter Weise läßt sich der um die systematische Kenntniß
menopteren nur in geringem Grade, dagegen um die Er=
g ihrer Lebensweise vielfach verdiente Lepeletier de St.
au (Hist. nat. d. Ins. Hyménoptères I., p. 401) ver=
: »Originaire probablement de la Grèce et peut-être
le la Natolie, elle a été transportée dans toute l'Eu-
l'Afrique septemtrionale« ɾc. Er sowohl wie Raben,
(Bienenzeitung 1857, S. 214) meint, „daß das Vater=
nserer Honigbiene unter den heißen Himmelsstrichen zu su=
ıb daß sie mit Mühe in Europa eingeführt sei", nehmen
ch für unsere Norddeutsche Biene erst eine allmähliche Ver=
g aus dem Süden her an. Gleichsam als fait accompli
diese Ansicht sogar der neueste Autor über die Biene,
lepsch, in seinem sonst vortrefflichen Werke „Die Biene
e Bienenzucht" (Mühlhausen 1860, S. 161) hin, indem
: „Unsere Biene ist erwiesener Maßen (??) eingebo=
den mittäglichen heißen Landen der alten Welt, wo ein
ig heiterer Himmel ihr gestattet, das ganze Jahr hindurch
r sehr geringen Unterbrechungen in linden Lüften sich zu
ln. Aber schon früh führte sie die menschliche Cultur mit
nördlichere Lagen und hier ist sie wegen Rauheit und Kälte
imas genöthigt, oft drei bis sechs Monate in ihrer Woh=
ju verbleiben — wider ihre Natur. Denn daß ein so lan=
nnesitzen wider die ursprünglich der Biene angeschaffene
weise, wider ihre angeborene Natur ist, zeigt allein schon
nstand, daß sie keinen Winterschlaf hat, wie andere ihr
erwandte, hierlands eingeborene Insecten."
chen wir zunächst nach den Gründen, auf welche, ohne
n anzugeben, die genannten Autoren ihre Ansichten über

die Herkunft der Biene basirten, so liegt bei Latreille offenb
die Meinung vor, daß jede der von ihm angenommenen Bienen
arten da ihre ursprüngliche Heimath habe, wo man sie noch
seiner Zeit vorfand, d. h. also die Deutsche Biene im Nord
und dem größten Theil des übrigen Europa, die Italienische
Italien. So wie Latreille die letztere irriger Weise noch a
eigene Art ansah, betrachtet Brun, offenbar auf Latreille f
ßend, die von diesem als Afrikanische Arten bezeichneten Ap
fasciata Latr. (Ägypten), Adansonii Latr. (Senegal) u. s.
gleichfalls noch als solche, die von Apis mellifica verschied
seien und versetzt daher unrichtiger Weise die Südgränze d
Hausbiene in die Nordküste Afrika's. Während Lepeletier sei
Ansicht, daß die Biene aus Griechenland und vielleicht aus N
tolien herstamme, offenbar nur dem Verlauf der Culturgeschich
Europa's entlehnt, enthält sich Kaden jedes historischen Beleg
für seine Meinung von der südlichen Abstammung und v. Ber
lepsch sucht dieselbe nur durch Analogieen, die nicht stichhalt
sind, zu begründen. Daraus, daß die Hornissen und Wespe
welche nicht in staatlicher Gemeinschaft, sondern nur in einer
Geschlechte, nämlich dem der Mutterwespen, in unseren Gegende
überwintern, während dieser Zeit in Erstarrung liegen, folgt durch
aus nicht, daß die Biene, welche einer ganz verschiedenen Famili
der Hymenopteren angehört, dasselbe thun müsse. Die Bien
kann ihrer Eigenthümlichkeit nach nur in Gesellschaft überwinter
weil daran die Fortdauer ihrer Existenz geknüpft ist; daher wir
ihr auch von vornherein der Trieb verliehen sein, auf diese Über
winterung mit ihren Vorräthen Bedacht zu nehmen und zuglei
die physische Fähigkeit, die Kälte durch engen Aneinanderschlu
zahlreicher Individuen zu überwinden. Ich weiß zwar nicht
welche Länder speciell Herr v. Berlepsch unter den „mittägli
chen heißen Landen der alten Welt" verstehen wissen will; sollt
er aber Italien unter diese mit einbegreifen, so kann ich seine
Ansicht, daß die Bienen hier „das ganze Jahr hindurch mit seh
geringen Unterbrechungen sich in linden Lüften tummeln", di
Nachricht des Plinius (Hist. nat. lib. XI., cap. 15) entgegen

wonach sie zu dessen Zeit in Italien sechszig Tage lang thätig waren und nach dem Aufgang des Arcturus zwar wurden, sich aber trotzdem noch von ihren Vorräthen Zeit hinburch ernährten. »A bruma ad Arcturi exor**ebus sexaginta somno aluntur sine ullo cibo. Ab exortu ad aequinoctium vernum tepidiore tractu vigilant: sed etiam tunc alveo se continent, servatos- id tempus cibos repetunt.«** Ferner auch Lib. XI., »**Hieme conduntur (sc. apes): unde enim ad pruinas ue, et Aquilonum flatus perferendos vires? — Circa iut temporum locorumve ratio mutata est, aut erra- t priores. Conduntur a Virgiliarum occasu, sed latent exortum.**« Wollte der Verfasser aber selbst die Biene aus tropischen Afrika herleiten, so würde ja auch hier ihre Thä= immer noch von der jährlich zweimal eintretenden Regen= nterbrochen oder wenigstens auf mehrere Wochen hin beein= igt werden müssen, mithin ein Unterschied zwischen ihrer ing in südlicheren und nördlicheren Breiten lediglich in der siebenen Dauer der Unterbrechung ihrer Thätigkeit liegen. aber derartige von der Localität und dem Clima abhängige :renzen in der Lebensweise einer und derselben Art durchaus mit Nothwendigkeit auf Rechnung einer künstlichen Verbrei= terselben zu stellen sind, zeigen zahlreiche Insecten aller nungen, welche, ohne daß bei ihnen auch nur im geringsten andere als durchaus spontane Ausbreitung über größere und verschiedenen Breitengraden angehörende Ländermassen anzu= men wäre, in allen diesen Gegenden gleich gut gedeihen und tand haben. Kann demnach in dem Umstande, daß die Biene unseren nordischeren Gegenden nur sechs bis acht Monate ein= imelt und überhaupt in regulärer Thätigkeit ist, gar kein ge= zender Grund dafür gefunden werden, daß sie daselbst nicht prünglich heimisch gewesen sein könne, so ist andererseits auch ilich der Nachweis schwer und trotz mancher Wahrscheinlichkeit rchaus nicht ganz sicher, daß sie vor Übertragung der Civili= tion bereits bei uns existirt habe; in jedem Fall scheint mir aber der Ausdruck, die Biene sei „erwiesener Maßen" bei uns eingeführt, durchaus ungerechtfertigt. Wir nehmen vielmehr in Bezug auf diese Frage noch denselben Standpunkt der Unsicherheit, der Vermuthung ein, den bereits vor achtzig Jahren Olivier (Encyclop. méthod., Insectes I., p. 49) für seine Zeit in folgender Weise kundgiebt: »Le lieu où les abeilles habitent naturellement, est un point de leur histoire, qui n'a point encore été éclairci par les naturalistes. Quelques-uns avancent qu'elles étaient toutes sauvages, fixées dans les vastes forêts de la Moscovie et du Nord, où elles trouvaient aisément à s'établir dans des creux d'arbres antiques ou de rochers escarpés. Mais nous avons beaucoup de répugnance à adopter cette opinion, à moins que par ces déserts de la Moscovie et du Nord, on ne veuille entendre les parties les plus chaudes de la Sibérie et les frontières de la Perse, où d'habiles observateurs ont retrouvé le type de la plupart des animaux domestiques (*). Il est bien certain qu'en Italie, dans presque toute l'Asie et même dans nos provinces méridionales on trouve souvent les abeilles sauvages; mais il reste à décider, si ce sont des essaims deserteurs devenus sauvages, ou la continuation de la race primordiale.«

Bei einer derartigen, heut zu Tage noch in gleichem Maaße bestehenden Unsicherheit über die Herkunft der Honigbiene lag die Veranlassung nahe, eine Erledigung dieser Frage nicht nur auf historischem Wege von Neuem zu versuchen, sondern auch nachzusehen, ob derselben nicht gleichzeitig durch Betrachtung der geographischen Verhältnisse, welche die verschiedenen Abänderungen unserer Biene in der Gegenwart zeigen, näher zu treten sei. Die sich aus letzterer ergebenden Resultate würden wenigstens dann nicht ganz ohne Gewicht sein, wenn die historische Untersuchung nur negative Ergebnisse, z. B. für die Übertragung aus

---

*) Wie unsicher dieser Nachweis von der Asiatischen Abstammung unserer Hausthiere ist, habe ich bereits oben erörtert.

inem Lande in ein anderes lieferte, was, wie wir sobald sehen
werden, zum großen Theil der Fall ist. Können wir nämlich
ine solche Übertragung nicht geschichtlich nachweisen, so haben
wir damit begreiflicher Weise noch nicht die geringste Sicherheit
dafür, daß sie überhaupt nicht stattgefunden habe, da einerseits
darüber Mittheilungen garnicht gemacht worden, andererseits aber,
wenn dies der Fall, der Nachwelt verloren gegangen sein können.
In keiner Weise dürften wir uns aber mit der Annahme beru=
higen, an die Übertragung eines Thieres, wie die Biene habe
man im Alterthum gewiß garnicht gedacht; denn nicht nur der
Umstand, daß den Alten Honig und Wachs unentbehrliche und
zugleich durch Nichts zu ersetzende Artikel waren, sondern auch die
Thatsache, daß in Ägypten sowohl als in Attica und Italien die
Bienenstöcke zur Vermehrung der Tracht von einem Orte zum
anderen transportirt wurden, müßten uns eine solche als un=
haltbar erweisen; höchstens könnte dieselbe für diejenigen Fälle
statuirt werden, in denen es zu der Übersiedelung nach entfernten
Gegenden weiter Seereisen bedurfte. Übrigens haben wir, wenn
wir zunächst auf das Vorkommen der Biene im Alterthum ein=
gehen, hier wenigstens die Sicherheit, daß bei den Griechischen
und Römischen Autoren mit μελισσα und apis überall nur unsre
gewöhnliche Honig = oder Hausbiene gemeint worden sei, so daß
wir wenigstens über das in Rede stehende Object nie in Irrthümer
verfallen können. Andere honigsammelnde Bienenarten, welche ge=
sellig leben, giebt es außer den Hummeln, von denen wir natür=
lich absehen können, in dem den Alten bekannt gewesenen Theil
der östlichen Hemisphäre nicht: denn, wie bereits erwähnt, ist
weder Apis ligustica Spin. und fasciata Latr. aus Italien und
Ägypten, noch die in Vorder = Asien und in Griechenland vor=
kommende Biene von der gewöhnlichen specifisch verschieden.

Die weite Verbreitung der Honigbiene in den Mythen der
alten Völker, die innigen und vielfachen Beziehungen derselben
zu ihrer Götterlehre, wie wir sie ganz besonders bei den Griechen
vorfinden, geben uns einen ebenso sicheren Beweis für die hohe
Werthschätzung, welche die Biene im Alterthum erfuhr, als sie

uns gleichzeitig davon überzeugen, daß dies Thier seit den l
zeiten menschlicher Erinnerungen daselbst existirt habe. Von al
Naturproducten, welche die Griechen mit ihrer Götterlehre
Verbindung brachten, die sie z. B. entweder ihre Götter sel
im Olymp genießen ließen oder die sie als unmittelbare Geschen
der Götter ansahen, von diesen können wir überzeugt sein, d
sie ihnen nicht zu irgend einer historisch bestimmbaren Zeit vo
Auslande der zugeführt, sondern seit Alters her bei ihnen sel
existirt haben; auch bei den Griechen begann das Dogma, r
das Wissen seine Gränze hatte. Bereits Keferstein (Ofen
Jsis 1837, S. 866 ff.) hat die mythologische Bedeutung d
Biene zum Gegenstande einer ausführlichen Erörterung, welc
sich auf zahlreiche Citate classischer Autoren stützt, gemacht un
wir brauchen daher hier nur an einige der bekanntesten Erzäh
lungen aus der Griechischen Theogonie zu erinnern, aus welche
das hohe Alter ihrer Existenz im Alterthum ersichtlich ist. Theil
wird ihr Ursprung, wie bei Nicander von Colophon, berei
in das Zeitalter des Saturn verlegt, in welchem bekanntlich a
Erden schon „Milch und Honig floß," theils mit dem Auftau
chen der jüngsten Götterdynastie in unmittelbaren Conner gebrach
Letzteres ist besonders in der idyllischen Erzählung des Alexan
driners Euhemerus der Fall, nach welcher auf Creta bei d
Geburt des Jupiter die Kureten einen Waffentanz aufführten
durch dessen Erzgetöse die auf der Insel Ceos von den Hornisse
und der Sonne erzeugten Bienen herbeigelockt und veranla
wurden, den neugeborenen Gott mit Honig, den sie als Th
des Himmels sammelten, zu ernähren. Zum Dank dafür mach
sie nach Diodor's Angabe Jupiter später „erzfarbig" oder „go
dig erzfarben," d. h. er verlieh ihnen die Farbe des edelsten d
Metalle. Abweichend hiervon in Bezug auf die Person des Gotte
ist allerdings die Erzählung des Ovid, indessen doch darin wied
übereinstimmend, daß die Bienen auch hier durch das Klinge
des Erzes angelockt worden. Dem Römischen Dichter zufolz
(Ovidii Nasonis Fasti, lib. III. v. 739—744) ist es Bacchus
bei dessen Zuge nach Rhodope und Pangaea herab die erzbewaf

13

ten Hände seiner Begleiter zusammenschlagen und durch das
Getöse die Bienen herbeilocken, welche, bisher irre umherschwei-
nd, vom Gott, dem Erfinder des Honigs, in einen hohlen Baum
eingeschlossen werden:

 Iamque erat ad Rhodopen Pangaeaque florida ventum,
   Aeriferae comitum concrepuere manus:
 Ecce novae coëunt volucres, tinnitibus actae,
   Quosque movent sonitus aera, sequuntur apes.
 Colligit errantes et in arbore claudit inani
   Liber, et inventi praemia mellis habet.«

Mythen sind in sofern historische Documente, als sie wenigstens der vollgültige Ausdruck der Anschauungen eines Volkes
sind, in dessen Schooß sie entstanden und sich fortgepflanzt haben.
Sollte man ihnen aber selbst jede Beweiskraft absprechen, so
würden immer noch die auf ihnen basirenden Gebräuche, welche
sich durch Jahrhunderte und vielleicht Jahrtausende bis in die
historische Zeit hinein erstreckt haben, ferner auch die sie bewahr-
eitenden und uns selbst überkommenen Denkmäler, wie z. B.
Sculpturen und Münzen, als Zeugen für dieselben eintreten.
Und so finden wir denn auch nach Plutarch's Angabe noch in
historischer Zeit die Nephalien in Gebrauch, bei denen den Göttern
als eines der kostbarsten ihrer Geschenke Honig geopfert wurde
(μελισπονδαι) und nach Bröndstedt's Zeugniß auf den Münzen verschiedener Griechischer Städte, u. a. auch auf denen der
Insel Ceos die Biene bildlich dargestellt. Worauf uns aber be-
its die Mythe hinweist, das finden wir in noch viel klarerer
Weise in den ersten Griechischen Dichtungen, den Homerischen
Rhapsodieen ausgesprochen, daß nämlich die Biene durch ihr
Product, den Honig mit dem täglichen Leben seit Alters her
verknüpft war. Eine vorhistorische, halb mythische Begeben-
heit behandelnd, wurden diese Gedichte lange Zeit, bevor sie
Solon sammeln ließ, durch mündliche Überlieferung von Generation zu Generation vererbt, lassen sich also in ihrem Ursprung
eine frühe Zeit zurückführen; trotzdem erwähnen sie des Honigs
wiederholten Malen als eines ganz gebräuchlichen Labungs-

mittels bei Mahlzeiten, als eines Trunkes, den man dem G[ast]
bei seiner Aufnahme darbot. Ohne Zweifel würden die Hom[eri]
schen Rhapsodieen bei der Ausführlichkeit, mit der sie alles ih[nen]
nicht ganz gewöhnlich Erscheinende bis in das kleinste Detail hin[ein]
schildern, seiner Geschichte, seinem Ursprung nach erörtern, u[nd]
den Honig gewiß nicht so kurz, wie z. B. in Ilias XI. v. 6[30]

ἐπὶ δὲ, κρόμυον, ποτῷ ὄψον,
ἠδὲ μέλι χλωρόν, παρὰ δ'ἀλφίτου ἱεροῦ ἀκτήν·

hinweggegangen sein, wenn er selbst sowohl als das ihn er[zeu]
gende Insect ihnen nicht etwas Alltägliches gewesen, sonde[rn]
z. B. nicht weit vor ihrer Zeit als etwas bis dahin Unbekann[tes]
von der Ferne her zu ihnen gebracht worden wäre. Gegen e[ine]
derartige Übertragung, die doch füglich nur von Kleinasien o[der]
Ägypten aus anzunehmen wäre, würde auch die Nachricht [des]
Cicero sprechen, wonach bereits zu Xerxes Zeiten der Atti[sche]
Honig vom Berge Hymettus selbst in Asien berühmt war, u[nd]
in der bekannten Erzählung des Xenophon (Anabasis lib. I[V]
cap. 8) von der Vergiftung seiner Soldaten durch Honig möch[te]
man aus den Worten „in Trapezunt, wo die Leute auch d[ie]
Bienenstöcke hatten" gleichsam herauslesen, der Griechische Fe[ld]
herr wundere sich darüber, daß auch unter den Barbaren Biene[n]
zucht wie in Griechenland getrieben werde. In eine wie fer[ne]
Zeit aber auch der Betrieb der letzteren bei den Griechen zurü[ck]
reicht, geht nicht nur aus der Gesetzgebung des Solon, welch[er]
nach Plutarch's Überlieferung bestimmte Vorschriften über d[as]
Auffstellen der Stöcke bei deren Versendung in andere Gegend[en]
erließ, sondern auch daraus hervor, daß ihrer bereits indir[ect]
von Hesiod, muthmaßlich dem ältesten Dichter nach Home[r]
erwähnt wird. In Vers 594—95 seiner Theogonie:

ὡς δ'ὁπότ' ἐν σμήνεσσι κατηρεφέεσσι μέλισσαι
κηφῆνας βόσκουσι, κακῶν ξυνήονας ἔργων·

spricht der Dichter von „den Übelthätern," den Drohnen, welc[he]
die Bienen in ihren „wohlbedeckten Körben" ernähren, deut[et]
also seine Kenntniß vom Betrieb der künstlichen Bienenzucht au[f]
das Klarste an.

Um auf Ägypten überzugeben, so ist es sehr auffallend, daß ̣ Biene in den Thiercultus dieses Landes entweder überhaupt ınen Eingang gefunden oder daselbst wenigstens nur eine un= ̣georbnete Rolle gespielt hat. In Prichard's An Analysis ̓the Egyptian Mythology (London 1819. 8ᵛᵒ), welches ̣erk eine vollständige Aufzählung und Erörterung der von den ten Ägyptern heilig gehaltenen Thiere bis zu den Insecten „ B. Ateuchus sacer) herab enthält, finde ich ihrer überhaupt ̣dt erwähnt. Indessen geht die Ansicht verschiedener Archäo= gen und auch Kieferstein's (a. a. O.) dahin, daß in dem amen Apis des heiligen Stieres der Ägypter, welcher mit der älteren Römischen Benennung der Biene identisch ist, indirect ̣gleich die Heiligkeit der letzteren angedeutet sei. Es würde erfür wenigstens der Umstand sprechen, daß der durch das ınże Griechische und Römische Alterthum verbreitete Aberglaube, ̣ Biene entstehe aus den verwesenden Cadavern von Stieren, ınen Ausgang von Ägypten genommen hat, dessen Cultus ja kanntlich nicht nur die Thiere selbst, sondern zugleich Alles, aẹ̃ mit denselben in nächster Beziehung stand, für heilig ansah. ei dem aber, wie ihm wolle, so wurde wenigstens nach den ıẹ durch das alte Testament überkommenen Nachrichten auch Ägypten von Alters her der Honig bei den heidnischen Opfern Anwendung gebracht, eine Sitte, der vielleicht ebenfalls der ̣danke zu Grunde lag, man müsse dem heiligen Stiere opfern, aẹ̃ vom Stiere kam. — So alt wie diese Honigopfer scheint ̣rigens auch die Domesticirung der Honigbiene in Ägypten ge= ̣sen zu sein, so daß für dieses Land eine Einführung derselben ̣d) weniger angenommen oder nachgewiesen werden kann, als r Griechenland. Die sehr speculative Ausbeutung des Niles ̣rch die Ägypter zur Gewinnung einer reichen Erndte, welche r das Getreide bereits in die ältesten Zeiten verlegt wird, dürfte ̣wiß einen gleichen Schluß auch für die auf demselben Wege be= ̣ebene Bienenzucht zulassen. Über letztere giebt uns de Maillet ̣escription de l'Egypte], ed. Le Mascrier. La Haye 1740, ̓ p. 117) folgende Nachricht: „In Ägypten giebt es Bienen

in großer Menge und man bewahrt hier noch den von den Alten
eingeführten Gebrauch, sie auf eine sehr eigenthümliche Weise
zu ernähren. Gegen Ende Octobers, wenn das Fallen des Nils
die Landleute in Stand setzt, das Land zu bestellen, wird zuerst
Esparsette, die den meisten Ertrag liefert, angesäet. Da Ober-
ägypten heißer als das untere ist und die Ländereien dort früher
von der Überschwemmung befreit werden, wächst auch die Esparsette daselbst früher. Auf diese Kenntniß fußend, schickt man von
allen Theilen Ägyptens die Honigkörbe dorthin, damit den Bienen zu guter Zeit der Reichthum der Blumen, welche hier früher
als irgend sonst wo im Lande hervorschießen, zu Gute komme.
Wenn die Bienenkörbe am oberen Ende Ägyptens angelangt
sind, werden sie, vorher von ihren Eigenthümern gehörig nume-
rirt, in Pyramidenform auf Kähnen, die eigens für ihre Aufnahme bestimmt sind, aufgestellt und es weiden nun die Bienen
einige Tage lang die Felder ab. Glaubt man, daß sie alles
Honig und Wachs im Umkreis von zwei bis drei Meilen eingesammelt haben, so läßt man die Kähne, welche die Körbe tragen,
zwei bis drei Meilen weiter gehen und sie hier abermals so lange
liegen, als es zur Abweidung der Gegend bedarf. Endlich Anfang Februars kommen sie, nachdem sie ganz Ägypten durchlau-
fen haben, zum Meere, wo man die Stöcke wieder an ihre
Besitzer abgiebt. Was hierbei erstaunenswerth ist, ist die große
Gedächtnißtreue der Bienen, welche jede ihren Stock wiederfinden;
noch bewundernswerther ist es aber für mich, daß die alten Ägypter so aufmerksam auf die Vortheile, die sie aus der Lage ihres
Landes ziehen konnten, waren. Nachdem sie beobachtet, daß in
Ober-Ägypten alle Saaten früher reiften, was gegen Unter-
Ägypten einen Unterschied von mehr als sechs Wochen ausmachte,
haben sie sich diese Art der Wachs- und Honig-Ausbeute, welche
nichts verloren gehen ließ, ausgedacht."

Da man der Culturgeschichte Ägyptens allgemein ein bei weitem höheres Alter als der Griechischen zuschreibt, zugleich aber
annimmt, daß der Einfluß Ägyptens auf das Aufblühen Griechischer Cultur ein sehr wesentlicher gewesen sei, so läge vielleicht

er Schluß nahe, daß die bereits zu Solon's Zeiten in Attica
estehende Sitte, die Bienen in trachtreichere Gegenden zu ver=
:nden, gleichfalls Ägypten entstamme; ja man könnte sogar auf
ine solche Annahme, die nicht ganz der Wahrscheinlichkeit ent=
ehrt, eine zweite bauen, daß nämlich die Biene selbst in vor=
istorischer Zeit aus Ägypten nach Griechenland übertragen wor=
en sei. Direct zu widerlegen sind beide Annahmen begreiflicher
Weise nicht, wenn sich auch andererseits, so viel mir bekannt,
afür historische Überlieferungen nicht beibringen lassen. Die letz=
ere indessen, die Übertragung der Biene aus Ägypten betreffend,
at jedenfalls wenig Wahrscheinlichkeit für sich, einerseits wegen
er bereits erörterten, sehr weit zurückreichenden Existenz der Ho=
igbiene in Griechenland, andererseits und vorzugsweise aber des=
alb, weil uns die Griechische und Ägyptische Biene so wesent=
iche Unterschiede in der Färbung erkennen lassen, daß wir we=
igstens nach unseren heutigen Erfahrungen über Deutsche und
talienische Stöcke nicht der einen eine Abstammung von der
nderen vindiciren können. Die Griechische Biene, obwohl sie
uweilen schon lichter gefärbt als die Norddeutsche ist, von der
e sich übrigens vorzugsweise durch dichtere gelbe Bestäubung
nterscheidet, steht derselben trotzdem immer noch bedeutend nä=
er als der in weiter Ausdehnung gelb gefärbten und in auf=
allender Weise greis behaarten Ägyptischen Form (Ap. fasciata
.atr.).

Unter den Römern finden wir nach Magerstedt's trefflicher
Darstellung (Die Bienenzucht der Völker des Alterthums, insbe=
ndere der Römer. Sondershausen 1851. 8vo. S. 3 und 59) den
etrieb einer eigentlichen Bienenzucht erst zu einer verhältniß=
äßig späten Zeit vor, so daß diejenigen, welche der Honigbiene
ne allmähliche Übersiedelung vom Osten und Süden her zusprechen
öchten, auch hier wieder eine Übertragung von Griechenland aus
uthmaßen dürften. Man könnte hierfür vielleicht eine Bekräf=
gung in dem Umstande finden wollen, daß die Römischen Dich=
r, wie z. B. Ovid und Virgil in ihren Mythen den Ursprung
r Honigbiene nicht in irgend einen Theil Italiens, sondern über=

einstimmend mit den Hellenen nach Griechenland verlegen, was
wie man weiter schließen würde, gewiß nicht der Fall gewesen
wäre, wenn die Honigbiene in Italien seit ebenso langer Zeit
existirt hätte, wie in Griechenland. Daß jedoch ein solcher Schluß
durchaus nicht zulässig ist, liegt auf der Hand: denn gleich wie
der Göttercultus der Römer sich der Griechischen Anschauungsweise
accomodirte, wie derselbe im Grunde von vorn herein auf dem
Cultus der Griechen basirte, so schloß sich auch die Mythe und
die Dichtung der Römer, welcher letzteren überdem Griechische
Vorbilder zur Nacheiferung dienten, derjenigen der Hellenen auf
das Engste an. Giebt somit die Dichtung durchaus keinen An-
halt für eine Übertragung aus Griechenland, so kann ein solcher
aus dem späten Auftauchen der Bienencultur in Italien noch
weniger geschöpft werden; ging ja das Dichten und Trachten
des Römervolkes seit Gründung der Volksstadt fast ausschließlich
auf eine Vergrößerung der weltlichen Herrschaft aus und mußte
unter diesen endlosen Kriegen, die lange Zeit hindurch sogar
Italien selbst arg mitnahmen, alle Cultur ja von selbst in den
Hintergrund treten! Ist es ja überdem auch sehr wohl möglich,
daß die künstliche Bienenzucht, wie zahlreiche andere der häuslichen und bürgerlichen Beschäftigungen, den Römern durch die
Griechen gelehrt und unter ihnen hauptsächlich von letzteren betrieben wurde; ohne daß darum die Biene selbst, welche offenbar
auch in Italien ursprünglich einheimisch war, ihnen erst vom
Auslande zugeführt zu werden brauchte. Hat, wie Magerstedt's Untersuchungen ergeben haben, wirklich keine Bienenzucht
vor dem Ende des zweiten Punischen Krieges in Italien existirt
und kann sie in weiterer Ausdehnung erst von der Zeit des
Varro (116 v. Chr.) datirt werden, so liegt immerhin der
Schluß nahe, daß dieselbe den Römern erst von den Griechen
beigebracht worden sei, da ja die Unterjochung Griechenlands
gerade innerhalb der beiden eben erwähnten Zeitpunkte fällt.
Außerdem spricht hierfür auch die Angabe des Plinius (Hist.
nat. lib. XI., cap. 9), daß sich zwei Griechen, Aristomachus
Solensis und Philiscus Thasius lange Zeit mit der Beob-

achtung der Bienen beschäftigt und daß ersterer sogar 58 Jahre hindurch nichts Anderes getrieben habe als Bienen gezüchtet. «Ne quis miretur amore earum captos, Aristomachum Solensem duodesexaginta annis nihil aliud egisse: Philiscum vero Thasium in desertis apes colentem Agrium cognominatum: qui ambo scripsere de his.« Dagegen fehlen bei letzterem Schriftsteller Nachrichten von einer Übersiedelung der Biene nach Italien gänzlich.

Daß die Honigbiene gleichzeitig im Süden Europa's wie in Vorder-Asien und Ägypten existirt habe, möchte übrigens, auch abgesehen von dem bisher Beigebrachten, vielleicht selbst denjenigen nicht unwahrscheinlich vorkommen, welche ihr eine südliche Abstammung zu vindiciren geneigt sind. Das wenn nicht gleiche, so doch keine großen Abstände aufweisende Clima der genannten Länder würde in jedem Fall die Möglichkeit einer ursprünglichen Existenz in denselben zulassen: und in der That weichen ja die Ansichten der Autoren hauptsächlich nur in dem Punkt von einander ab, ob die Biene ursprünglich unter nördlicheren Breiten heimisch gewesen oder unter diesen erst acclimatisirt worden sei. Freilich ist auch diese Frage mit absoluter Sicherheit auf historischem Wege nicht zu entscheiden; indessen hat es fast den Anschein, als wenn z. B. in Nord-Deutschland die Biene ursprünglich, oder wenigstens ehe ein directer Verkehr jener Gegend mit Rom historisch nachweisbar bestanden hat, heimisch gewesen sei. Leider lassen uns die zuverlässigsten Autoren, wie Julius Cäsar (de bello Gallico) und besonders Tacitus (Germania) mit ihren Nachrichten über diese Länder in Betreff der vorliegenden Frage vollkommen im Stich; letzterer, sonst auf die Gebräuche, die häuslichen und landwirtschaftlichen Verhältnisse, auf Speise und Trank der alten Deutschen in umsichtigster Weise eingehend, giebt uns weder über Bienen noch über Honig die geringste Notiz. Dagegen wird des Honigs als bei den Galliern zur Bereitung eines Getränkes in Gebrauch stehend schon von Diodor aus Sicilien, einem Zeitgenossen des Cäsar und Augustus, erwähnt; derselbe (Diodori Siculi Bibliothecae historicae lib. V., cap. 26) berichtet nämlich, daß sich die Gallier ein Getränk aus Gerste bereiteten und Honigwaben in Wasser zergehen ließen, um den ausgespülten Honig gleichfalls als Getränk zu benutzen: »καὶ τὰ κηρία πλύνοντες, τῷ τούτων ἀποπλύματι χρῶνται.« Obwohl Diodor nach dem Urtheile der Alterthumsforscher in seinen Angaben nicht durchweg zuverlässig ist, so scheint mir doch diese seine Nachricht, welche ohne Zweifel seinen Zeitgenossen aus dem Gallischen Kriege der entlehnt ist, in keiner Weise als eine aus der Luft gegriffene Erfindung angesprochen werden zu können. Sie hat um so mehr Wahrscheinlichkeit für sich, als für das Vorkommen von Bienen und Honigwaben in Germanien sich bald nach seiner Zeit bei Plinius übereinstimmende Angaben finden, welche, da sie auf die Existenz wilder Bienen mit ziemlicher Sicherheit hindeuten, für unsere Untersuchung um so entscheidender sind. In der Hist. nat. lib. XI. cap. 18 berichtet nämlich Plinius von einem Bienenschwarm, der sich vor der glücklichen Schlacht bei Arbalo im Lager des Drusus niederließ: »Sedere (sc. apes) in castris Drusi Imperatoris, quum prosperrime pugnatum apud Arbalonem est, haud quaquam perpetua aruspicum conjectura, qui dirum id ostentum existimant semper« und an einer anderen Stelle (lib. XI. cap. 14) erwähnt er bei Besprechung der Güte des Honigs aus verschiedenen Gegenden einer auffallend großen Honigwabe aus dem Norden (Germanien) von 8 Fuß Länge, an welcher nur das ungewöhnliche Maaß auffallen könnte: »Aliubi enim favi cera spectabiles gignuntur — aliubi magnitudine, ut in septemtrionalibus, viso jam in Germania octo pedum longitudine favo, in cava parte nigro.« Beide Angaben sind ohne Frage durchaus authentisch, erstere schon deshalb, weil ein so glücklicher Feldzug, wie der des Drusus, durch welchen Germanien den Römern auf die Dauer zugänglich wurde, gewiß bis in seine Einzelnheiten die Aufmerksamkeit der Zeitgenossen in Anspruch nehmen mußte, der Einfall eines Bienenschwarmes in ein Lager den Römern aber nach Cicero's Aussage von jeher als Omen galt. Aus der zweiten Stelle scheint deutlich hervorzugehen, daß Plinius die große achtfüßige Wabe selbst gesehen habe, daß sie also zu seiner Zeit aus Germanien nach Rom gebracht worden sei; die etwaige Annahme, jene Wabe sei das Produkt von Bienen, welche die Römer nach Germanien eingeführt haben, würde sich einfach aus der kurzen Spanne Zeit, welche erst seit dem Betreten Deutschlands verflossen, besonders aber aus dem Wesen der Römer selbst, denen eine derartige Cultivirung Germaniens damals gewiß nicht in den Sinn kommen konnte, widerlegen. Auch erwähnt Plinius einer solchen Übertragung der Biene nach Deutschland nirgends, während andrerseits seine sowohl als des Diodor Mittheilung unwillkührlich die Überzeugung gewähren, daß die Römer, als sie Gallien und Germanien betraten, die Biene daselbst bereits angetroffen haben. Übrigens würde sich, wollen wir wie Magerstedt dem Strabo, oder vielmehr dem von diesem excerpirten Pytheas von Massilia unbedingtes Vertrauen schenken, die Existenz der Biene im Norden Deutschlands noch in eine weit fernere Zeit, nämlich sogar 300 Jahre v. Chr. zurückführen lassen. Freilich laufen wir dabei Gefahr, den historischen Boden fast schon zu verlieren, da Pytheas bereits im Alterthum wegen seiner vielfachen und starken Schwindeleien bekannt und berüchtigt war, überdem aber seine Geographie auf schwachen Füßen steht. Zur Zeit Alexanders des Großen lebend und mit Massiliensischen Kaufleuten, welche an der Nordseeküste Bernstein holten, reisend, berichtet Pytheas in dem uns verloren gegangenen, aber dem Strabo noch bekannt gewesenen Bericht über seine Erdumsegelung, daß in „Thule" von milderen Früchten nichts, von gezähmten Thieren wenig vorhanden sei und daß die Leute daselbst Hirse und anderes Kraut, Früchte und dgl. äßen; wo Getreide und Honig vorkomme, da werde auch ein Getränk daraus bereitet. Strabo (Rerum geographicarum lib. IV. § 5. ed. Siebenkees p. 71) führt diese Mittheilung des Pytheas folgendermaßen an: »Magis obscura est Thules historia. Vana esse quae Pytheas de hoc et aliis ibi sitis locis perhibuit, tamen quod ad coeli rationem etc. attinet, videtur non inepte descripsisse. Nimirum fructuum mitiorum nihil, animaliumque mansuetorum parum ibi nasci, milio et aliis oleribus, fructibus etc. homines vesci. Ubi frumentum et mel provenit, ibi inde etiam potum fieri« (»Παρ' οἷς δὲ σῖτος καὶ μέλι γίγνεται, καὶ τὸ πόμα ἐντεῦθεν ἔχειν«). Wie man ersieht, nimmt Strabo, obwohl er dem Pytheas sonst auch nicht trauet, ihn gerade in Betreff dieser Mittheilung, die allerdings nichts Unwahrscheinliches oder was nach einer Erfindung aussieht, enthält, in Schutz; indessen hat die Notiz schon wegen der unsicheren geographischen Lage seiner „Thule" nur geringen Werth und sie könnte sogar, wenn man sich auf vage Hypothesen einlassen wollte, dazu benutzt werden, eine Verbreitung der Bienen nach dem Norden durch Schifffahrer, sei es von Massilia oder auch von Phönizien aus, als möglich oder muthmaßlich hinzustellen. Eine solche als absolut unmöglich zurückzuweisen, ist begreiflicher Weise nicht thunlich; indessen Wahrscheinlichkeit hat sie in keinem Falle für sich, da den Phöniziern als einem rein speculativen Handelsvolke ein so wenig fruchtbringendes Unternehmen, wie die Übertragung von Bienenkörben, kaum zugemuthet werden kann, überdem aber der damalige Zustand der Schifffahrt einen solchen Transport mindestens sehr erschwert haben müßte. Alles hin und wieder erwogen und soweit der historische Nachweis überhaupt maßgebend sein kann, haben wir demnach eine ungleich größere Wahrscheinlichkeit dafür, daß die Biene auch in Deutschland ursprünglich einheimisch gewesen, als daß sie durch die Cultur erst dahin übertragen worden sei. Außer den angeführten historischen Gründen scheint mir aber für erstere Annahme ein noch weit gewichtigerer Umstand zu sprechen, nämlich die Verschiedenheiten, welche die in unseren nördlicheren Gegenden vorkommende Bienen-Race von denen der südlichen und südöstlichen Länder Europa's und der daran gränzenden Theile Asiens und Afrika's darbieten. Seitdem die Italienische Biene, welche wie bekannt nur eine auffallend hellgefärbte Abart der Apis mellifica ist, bei uns eingeführt worden ist, haben wir durch vielfache Versuche zur Genüge feststellen können, daß dieselbe, wenn sie sich nicht mit der dunkelgefärbten nordischen Biene vermischt, in

ihren Charakteren vollständig constant bleibt; mithin wäre es ganz
unmöglich, daß sich selbst im Verlauf langer Jahre und zahlreicher
Generationen aus der buntgefärbten Italienischen Form die ein=
farbige nordische hervorgebildet hätte. Die Nothwendigkeit einer
solchen Hervorbildung würde nun aber gar nicht von der Hand zu
weisen sein, wenn man eine Einführung der Biene nach Deutsch=
land aus Italien annehmen wollte, von wo sie doch nach dem
Verlauf der Culturgeschichte zunächst zu uns gebracht sein müßte.
Freilich kommt in einigen Gegenden Italiens, z. B. besonders
an der Dalmatien gegenüber liegenden Ostküste Mittel=Italiens
ebenfalls die dunkelgefärbte Deutsche Form der Biene vor; in=
dessen, da diese in Italien die bei weitem am wenigsten verbreitete
ist, auch bereits im Alterthum, wie dies Plinius an verschie=
denen Stellen angiebt, viel weniger geschätzt als die buntfarbige
war, da endlich die letztere gerade diejenige ist, welche in Ligurien
und der Lombardei verbreitet, sich zu einer Verpflanzung nach
Deutschland am ersten geeignet hätte, so hätte es gewiß das ge=
ringste Maaß von Wahrscheinlichkeit für sich anzunehmen, daß
gerade die nur sporadisch in Italien vorkommende dunkelgefärbte
Abart nach Deutschland übergeführt worden sei. Gerade der in
der That recht auffallende Umstand, daß, bevor man die Italie=
nische Biene in unseren nördlichen Gegenden acclimatisirte, die
ganz dunkelgefärbte Deutsche Race mit der sehr hellgefärbten Ita=
lienischen im Alpengebiete zusammenstieß, möchte wohl der beste
Beweis gegen eine Abstammung der ersteren von der letzteren
Form sein. Fast überall im südlichen Europa zeigen die Bienen
entweder, wie z. B. im südlichen Spanien, eine beinahe vollstän=
dige Übereinstimmung in der Färbung mit der Deutschen Form,
oder es finden sich, wie in Dalmatien, Griechenland und Klein=
Asien, die allmählichsten Übergänge von der Deutschen zur Ita=
lienischen Race nebeneinander vor; dagegen gerade da, wo man
nach dem Verlauf der Culturgeschichte eine Übersiedelung am ehe=
sten vermuthen könnte, sind die Gegensätze in der Färbung am
schroffsten gewahrt geblieben. Wir könnten also, auf der gegen=
wärtigen Verbreitung der verschiedenen Bienen=Racen in Europa

fußend, viel eher eine Übersiedelung der Biene aus Griechenland oder mit noch größerer Wahrscheinlichkeit aus dem südlichen Spanien nach Deutschland annehmen, als gerade aus Italien; nur daß sich ein Verkehr zwischen jenen Ländern im Alterthum nicht nachweisen läßt.

Ich will hier gelegentlich noch in Kurzem auf die Gründe eingehen, welche man für die Annahme, die Biene sei nicht ursprünglich in Nord-Europa heimisch gewesen, sondern aus dem Süden eingeführt, theils geltend gemacht hat, theils vorbringen könnte. Zuvörderst ließe sich für ihre südliche Herkunft das einer großen Schmiegsamkeit fähige Naturel der Honigbiene anführen, welches sich u. a. darin documentirt, daß sie in Amerika, wohin sie zum Theil selbst erst in neuester Zeit (wie nach Brasilien) eingeführt worden ist, unter den verschiedensten Breitegraden ohne alle Schwierigkeiten sich acclimatisirt, in manchen Gegenden, wie auf den Antillen, selbst in erstaunlicher Weise vermehrt hat, in anderen endlich, wie in den Nord-Amerikanischen Freistaaten, sogar auf weite Strecken hin verwildert ist. Daß nach diesen Erfahrungen der Biene die Fähigkeit zugeschrieben werden muß, sich übereinstimmend mit unseren anderen Hausthieren den heterogensten äußeren Verhältnissen auf das leichteste zu accomodiren, liegt auf der Hand, und es wäre daher die Möglichkeit, daß sie sich als ursprüngliche Bewohnerin des Südens im Norden erst acclimatisirt hätte, in keiner Weise zu bestreiten. Dafür, daß dies in der That der Fall gewesen ist, kann jedoch ihre schnelle und weite Verbreitung in Amerika durchaus nicht als Beweis herangezogen werden: vielmehr möchte dieselbe, aus einem anderen Gesichtspunkte betrachtet, eher darauf hindeuten, daß die Biene auch in Europa ursprünglich bis zu einer gewissen Grenze hin im Norden existirt habe. Die Sache würde ganz anders aufzufassen sein, wenn die Biene bei ihrer Verbreitung über Amerika bestimmte Gränzen eingehalten hätte, welche den wärmeren Gegenden der alten Welt entsprächen; dann hätte die Annahme von ihrer südlichen Herkunft allerdings manche Wahrscheinlichkeit für sich. Nach den Zeugnissen von Barton, Josselyn u. a.,

auf welche wir im Folgenden noch näher einzugehen haben, hat
sich die Biene aber gerade in denjenigen Länderstrecken Nord=
Amerika's, welche mit dem nördlichen Europa (Deutschland,
Schweden) gleiche Isothermen haben, nämlich in den mittleren
und nördlichen Staaten bis zum 47° n. Br. ganz vorzugsweise
heimisch gefühlt und durch ihre Verwilderung in diesen Gegenden
wohl den augenscheinlichsten Beweis geliefert, daß sie keineswegs
ein specifisches Kind des Südens sei. Von besonderem Interesse
bei dieser ihrer Verbreitung in Nord=Amerika ist es, daß sie in
diesem Welttheil nach Norden hin zwar nicht dieselben Breitegrade,
wohl aber die gleichen Isothermal=Linien wie in Europa inne=
hält. Die Isotherme von Neu=England und Canada streicht in
Europa durch das nördliche Schweden und Finnland, wo nach
den bisherigen Erfahrungen die Honigbiene die Gränze ihrer
Verbreitung findet; nach Zetterstedt (Insecta Lapponica p.
176) überschreitet sie nämlich nicht die Provinz Angermannland
unter dem 64° n. Br. und nach mündlicher Mittheilung von
Mäklin in Finnland nicht die Südküste dieser Provinz, wo sie
nur in Abo und Helsingfors unter dem 60° bis 61° n. Br.
vorkommt. An der Südküste Islands fehlte sie nach Stau=
binger's Untersuchungen (Stettin. Entom. Zeitung 1859,
S. 305 ff.) bereits gänzlich; die einzige daselbst überhaupt gefun=
dene Art aus der Bienenfamilie war Bombus hortorum Illig.

Als ein zweiter Grund für die südliche Herkunft der Biene
könnte angeführt werden, daß dieselbe in unseren nördlichen Ge=
genden im Ganzen selten und vielerorts vielleicht garnicht im
wilden Zustande angetroffen wird, während dies in Süd=Europa
sowohl als in Mittel=Asien und Afrika ganz allgemein der Fall
ist. Dieser Grund würde als sehr entscheidend angesehen werden
müssen, wenn der Norden Europa's in seinem gegenwärtigen Zu=
stande der Cultur mit dem mehr naturwüchsigen Süden desselben
Erdtheils und den noch in geringerem Grade ihres Urzustandes
beraubten beiden übrigen Continenten überhaupt noch in Vergleich
gestellt werden könnte. Ein solcher würde sich aber durchaus nicht
rechtfertigen lassen: die wilde Biene, welche wir gegenwärtig in

unseren ihrer dichten und alten Waldungen beraubten Gegenden
vermissen, hat daselbst in alten Zeiten, wie es die Angaben der
Römischen Autoren bestätigen, in gleicher Weise existirt, wie es
noch heut zu Tage in den wärmeren Erdstrichen der Fall ist.
Daß sie in der Jetztzeit bei uns selten im Walde Colonien grün-
det, die überdies in der Regel nach kurzer Zeit wieder eingehen,
hat daher nicht seinen Grund in dem ihr nicht zusagenden Clima,
sondern einerseits in dem Mangel an geeigneten Localitäten für
ihre Bauten, andererseits in der Abnahme der Tracht, wie sie
die Bestellung des Bodens mit Feldfrüchten zu Wege bringt.
Im Mittelalter, als Wald und Wiese noch in ihrem natürlichen
Schmucke prangten, hat man ja bekanntlich in Deutschland die
Waldbienenzucht im ausgedehntesten Maaße betrieben, ohne derselben, von der jährlichen Wachs = und Honigbeute abgesehen,
irgend welche nähere Aufmerksamkeit und Fürsorge zuzuwenden:
und nach Krünitz (Oekonomische Encyklopädie 4. Theil, S. 418)
war eine entsprechende wilde Bienenzucht noch im Jahre 1783
in der Neumark, Pommern, Preußen, Litauen, Curland, Liv-
land, Polen u. s. w. in Gebrauch, offenbar weil sich für den
Betrieb derselben noch günstige Localitäten vorfanden. Wenn
aber somit auch der Hauptgrund für das Aufhören des wilden
Vorkommens der Biene in unseren Gegenden in dem Culturzustande derselben zu finden wäre, so könnte man doch immer
noch die Ansicht geltend machen, die Biene würde, falls sie ursprünglich dem Norden eigenthümlich gewesen wäre, trotz des
Mangels an Waldungen und Wiesen, die überdem doch noch
an vielen Orten in hinreichender Fülle vorhanden seien, gewiß
ebenso gut wie z. B. die Hummeln und Wespen sowohl Localitäten zur Anlage ihrer Colonien als hinreichende Nahrung vorfinden und gewiß bei weitem öfter, als es notorisch der Fall ist,
in ihren ursprünglichen Zustand der Wildheit zurückkehren. Hierauf ist zuvörderst zu erwiedern, daß Verwilderungen, wenn auch
im Ganzen selten, doch unter günstigen Umständen auch in unseren Gegenden noch vorkommen; zweitens aber, daß die Biene
als ein seit Jahrhunderten bei uns allgemein gezähmtes Haus-

thier die Anhänglichkeit an Haus und Garten offenbar in viel höherem Grade ererbt hat, als dies in den südlicheren Gegenden der Fall sein kann. In letzteren, wo man neben der zahmen Bienenzucht in noch ausgedehnterem Maaße die wilde treibt, d. h. den wilden Bienen Wachs und Honig nimmt, und wo man einen Schwarm der letzteren nur gelegentlich einmal einschlägt, wird begreiflicher Weise eine Verwilderung der nur unvollkommen domesticirten Bienen viel leichter eintreten als bei uns, wo überdem die Tracht eine bei weitem ärmere und auf bestimmte Localitäten beschränkte ist Durch die Ungunst der Verhältnisse, durch die spärlichere Nahrung wird jedes Thier und so auch die Biene im Norden ein Hausthier im eigentlicheren Sinne als im Süden, wo ja auch Rinder, Schafe und Ziegen in viel geringerem Grade an den häuslichen Heerd gebunden sind und nicht selten verwildern. Daß übrigens die Biene in dieser Weise durch die Cultur beeinflußt, in ihrem Wesen und Treiben modificirt wird, kann um so weniger Wunder nehmen, als wir ganz ähnliche Beispiele bei verschiedenen anderen Insecten, denen noch dazu die hohen intellectuellen Fähigkeiten jener abgeben, vorfinden. Ich brauche nur an unsere Stubenfliege zu erinnern, welche ihren ursprünglichen Aufenthalt im Freien doch erst zu der Zeit mit dem häuslichen Leben vertauscht haben kann, wo menschliche Wohnungen gegründet worden sind: oder an die Larve des Oryctes nasicornis (Nashornkäfer), welche ursprünglich offenbar, übereinstimmend mit allen ihren Gattungs- und Familien-Verwandten, im modernden Holze gelebt hat, sich in bewohnten Gegenden jetzt aber wohl durchweg in der Lohe der Gerbereien, in Mistbeeten u. dgl. vorfindet. Nur unseren Culturverhältnissen haben wir es zuzuschreiben, daß sich die Anthrenen und Dermesten in Naturalien-Cabineten, daß sich die Bettwanze, welche kein habitueller Parasit des Menschen ist, in unseren Lagerstätten eingebürgert haben; der in den Tropengegenden gefürchtete und berüchtigte Conorhinus gigas würde sonst ebenfalls als Blutsauger des Menschen in der Familie der insecten-räuberischen Reduvinen eine ganz exceptionelle Stellung einnehmen.

Unsere bisherigen Betrachtungen haben uns zu dem Resultat geführt, daß eine Übertragung der Biene aus den wärmeren Zonen der alten Welt in das gemäßigte Europa weder historisch nachweisbar sei, noch daß dafür die gegenwärtige geographische Verbreitung ihrer verschiedenen Abarten spräche. Indem wir uns eine nähere Erörterung der letzteren selbst so wie ihrer Vertheilung über die einzelnen Länder Europa's — über welchen Welttheil die Biene bekanntlich, mit Ausschluß des äußersten Nordens, überall verbreitet ist — vorbehalten, geben wir zunächst auf eine Betrachtung ihrer geographischen Verbreitung über die außereuropäischen Welttheile ein und knüpfen an dieselbe hier gleichfalls die Frage, ob diese Verbreitung eine ursprüngliche, oder in wie weit sie eine durch Verschleppung bedingte sei. Was zunächst die beiden sich Europa unmittelbar anschließenden Welttheile, Asien und Afrika betrifft, so haben wir in Betreff der Nachrichten, welche uns von den Reisenden über die von ihnen in den verschiedenen Ländern derselben beobachteten Honigbienen mitgetheilt werden, eine gewisse Vorsicht zu beobachten, nämlich zunächst immer zu prüfen, ob unter der von ihnen erwähnten Honigbiene auch in der That unsere Apis mellifica zu verstehen sei; das hauptsächlichste Hülfsmittel hierfür müssen uns, da die Angaben der des Gegenstandes oft nicht hinreichend kundigen Autoren meist zu einer derartigen Feststellung ungenügend sind, die in den Sammlungen existirenden Exemplare abgeben. Nach diesen ist vorläufig für Asien ersichtlich, daß unsere Honigbiene in den beiden Indien und den Sunda=Inseln nicht vorkommt oder wenigstens bis jetzt daselbst nicht aufgefunden worden ist, daß aber im ganzen übrigen Asien von der klein=asiatischen Küste bis nach China hin außer der Apis mellifica keine zweite Art der Gattung existirt. Die in Reisewerken enthaltenen Nachrichten über Honigbienen in Ostindien, auf Ceylon, den Sunda=Inseln u. s. w. beziehen sich also nicht auf die in Europa einheimische Biene, sondern auf verschiedene von ihr abweichende Arten. Anders ist es in Afrika, wo nach den Sammlungen, die hier bereits unter den verschiedensten Breitegraden und in viel größerer Ausdehnung als wenigstens im mittleren und nördlichen Asien veranstaltet worden sind, außer der überall verbreiteten Apis mellifica keine zweite Art, die nur im entferntesten mit ihr verwechselt werden könnte, vorkommt; einige kleine schwarze Melipona-Arten von der West= küste dieses Welttheils (Guinea), welche ebenfalls Honig sam= meln, sind in Größe und Färbung von unserer Hausbiene so verschieden, daß sie ein des Gegenstandes nicht ganz kundiger Reisender überhaupt nicht für eine Biene halten, viel weniger also mit der unsrigen verwechseln würde.

Für eine speciellere Erörterung der geographischen Verbreitung unserer Honigbiene in Asien liegt mir leider nur ein sehr unge= nügendes Material an Exemplaren derselben aus verschiedenen Fundorten vor; indessen ist dasselbe in Verbindung mit einigen Notizen, die ich von befreundeten Fachgenossen erhalten habe, doch hinreichend, um zu constatiren, daß diese Verbreitung eine sehr ausgedehnte sowohl nach den Länge= als Breitegraden ist. Nach Loew's an Ort und Stelle gewonnenen Erfahrungen ist sowohl auf den Inseln an der Küste Klein-Asiens als auf dem Festlande selbst die Biene überall domesticirt und zugleich sehr häufig wild in Bäumen anzutreffen; die von ihm auf Rhodus gesammelten, mir zur Ansicht vorliegenden Exemplare (acht Ar= beiter=Bienen), so wie ein einzelnes von Ephesus stammendes, zeigen verschiedene Färbungs=Abstufungen, welche unsere nordische Biene mit der Italienischen direct verbinden und zum Theil sogar (durch das hellgefärbte Schildchen) eine Hinneigung zu der Ägyp= tischen Race bekunden. Außerdem liegen mir aus Klein=Asien, für welches Land das Vorkommen der Biene übrigens bereits im Alterthum durch Xenophon, Aristoteles und Plinius zur Genüge constatirt ist, zwei von Thirk bei Brussa gefangene Individuen vor, von denen das eine dunkel gefärbte der Grie= chischen, das zweite beträchtlich kleinere und heller gefärbte aber= mals wieder der Ägyptischen Form nahe tritt; auf die dem letz= teren Exemplare gleichenden Bienen bezieht sich offenbar die Angabe des Aristoteles (Histor. animal. V., 19): „In Pontus giebt es sehr hellfarbige Bienen, welche in jedem Monat zweimal Honig bereiten", so wie die dem Aristoteles wohl nur nachgeschriebene Notiz des Plinius (Hist. natur. XI., cap. 19): "In Ponto sunt quaedam albae, quae bis in mense mella faciunt." — Mit dem letztgenannten Exemplare stimmt auch ein von mir verglichenes aus dem Caucasus, von Pallas gesammelt, überein. Daß ferner die Honigbiene in Arabien und Syrien vorkomme, davon belehren mich fünf in letzterem Lande und ein in Arabia felix von Ehrenberg gesammeltes Exemplar derselben; daß letzteres mit der Ägyptischen Form der Biene ganz genau übereinstimmt, während erstere sich derselben wenigstens sehr nahe anschließen und sich hauptsächlich nur durch etwas ansehnlichere Größe hervorthun, ist aus der unmittelbaren Angränzung beider Länder an Ägypten sehr begreiflich. Ob die von Brun (Bienenzeitung 1858, S. 38) als in Circassien und Persien vorkommende und als daselbst domesticirt angegebene Biene mit der unsrigen identisch ist, kann ich, so wenig ich daran auch zweifeln möchte, nicht mit Bestimmtheit versichern, da mir Exemplare aus diesen Ländern nicht zum Vergleich vorliegen; wahrscheinlich wird es jedenfalls dadurch, daß die hellgefärbte Race der Honigbiene unter entsprechenden Breitegraden, aber noch viel weiter östlich, nämlich am Himalaya vorkommt, wie dies ein daselbst von Hoffmeister gefangenes Exemplar bekundet, welches in allen wesentlichen Merkmalen mit den aus Syrien stammenden übereinkommt. Von der bereits erwähnten Ausdehnung der Honigbiene bis an die Küsten des stillen Oceans überzeugt uns endlich ein aus China herrührendes Stück, auf welches die Beschreibung der Fabricius'schen Apis cerana bezogen werden muß und welches mit alleiniger Ausnahme des ganz dunkel behaarten Scheitels sich durchaus wieder nicht von der Ägyptischen Form unterscheiden läßt. — Dies ist leider Alles, was ich, auf die Autopsie von Exemplaren der Honigbiene gestützt, über die Verbreitung derselben in Asien augenblicklich beibringen kann. Daß dieselbe nach Norden hin eine bei weitem ausgedehntere sei, davon belehrt mich eine mündliche Mittheilung von Ehrenberg, welcher auf seiner Reise durch Sibirien eine Korbbienenzucht bei Ribbersk im Altai-

Gebirge, unter dem 51° nördl. Br. und 86° östl. L. Greenw., vorfand. Wie weit indessen diese Ausdehnung nach Norden hin gehe, wäre noch näher zu ermitteln; als negatives Factum kann in dieser Hinsicht angeführt werden, daß sie den hohen Norden Sibiriens nicht erreicht, da wir sie in Erichson's Aufzählung der von v. Middendorf (dessen „Reise in den äußersten Norden und Osten Sibiriens", Zoologie I., S. 60 ff.) an der Boganida gesammelten Hymenopteren nicht erwähnt finden.

Ob die Biene in der eben dargelegten weiten Ausdehnung von Anfang an in Asien existirt oder eine solche erst durch allmähliche Übertragung vom Westen her erreicht habe — diese Frage auf historischem Wege zu entscheiden, möchte aus leicht begreiflichen Gründen mit noch viel größeren Schwierigkeiten verbunden sein und zu weit unsichereren Resultaten führen, als sich bei der oben geführten Untersuchung in Betreff Europa's ergeben haben; der in historisches Dunkel gehüllte frühzeitige Verkehr Vorder-Asiens mit Ägypten und Griechenland würde es schon allein rathsam erscheinen lassen müssen, die Lösung derselben gar nicht zu versuchen. Wollte man aber auf das vorliegende Material an Exemplaren der Honigbiene, welches seiner Dürftigkeit halber freilich ebenfalls wenig maßgebend sein kann, eine Ansicht in Betreff jener Frage begründen, so würde diese allerdings dahin lauten, daß die sich in Asien vorfindenden Formen der Biene einer künstlichen Verbreitung durchaus nicht widersprechen. Mit Ausnahme Klein-Asiens nämlich, wo keine bestimmte Race, sondern offenbar Mischlinge auftreten — für welche man ihrem Habitus nach eine Vermischung der fast einfarbigen, obwohl dichter gelb behaarten Griechischen Biene mit der hellgefärbten und fast der Ägyptischen gleichstehenden Asiatischen Race supponiren könnte — finden wir auf einer Strecke von mehr als 1000 geogr. Meilen in der Richtung von Westen nach Osten überall eine und dieselbe Form der Biene, welche an verschiedenen Orten nur äußerst leichte und wohl gar zufällige Modificationen erkennen läßt, im Ganzen aber der Ägyptischen so nahe steht, daß sie ohne Zwang als von jener abstammend angesehen werden könnte. Begreiflicher Weise kann aber die allerdings große Übereinstimmung zwischen der Chinesischen und der Ägyptischen Biene durchaus nicht mit irgend welcher Sicherheit auf einen genealogischen Zusammenhang beider schließen lassen, ganz besonders deßhalb nicht, weil wir gerade in Asien eine ungemein weite geographische Verbreitung bei zahlreichen in Europa einheimischen anderen Insecten (so wie auch bei vielen Säugethieren und Vögeln) vorfinden. Unter den Dipteren sind unsere gemeinsten Syrphiden, wie Eristalis tenax, Syrphus balteatus u. a., ferner unsere bekanntesten Muscinen, wie Calliphora vomitoria, Lucilia Caesar, Pyrellia cadaverina u. s. w. von Europa aus durch die ganze Länge Asiens bis nach Japan und China verbreitet; ebenso geht unter den Coleopteren die Galleruca abdominalis Fab. (nigriventris Redt., Rhaphidopalpa foveicollis Dej.), ein phytophager und daher gewiß nicht durch Verschleppung verbreiteter Käfer, aus Süd=Europa nicht nur auf einen großen Theil Asiens, sondern auch Afrika's über. So gut wie diese und viele andere könnte also auch die Honigbiene sehr wohl ihren weiten Verbreitungs=Bezirk in Asien bereits ursprünglich innegehabt haben.

Ganz andere Verhältnisse als in Asien finden wir in Betreff der Racen=Verschiedenheiten der Biene in Afrika, wo einerseits manche unter fast gleichen Breitegraden liegende Länder sehr von einander abweichende Formen aufzuweisen haben, andererseits an denselben Localitäten verschiedene Farben = Varietäten untermischt vorkommen. So findet sich in Algier und Tanger, die doch nur etwa 50 geogr. Meilen nördlicher als Ägypten liegen, eine mit der norddeutschen in Färbung, Behaarung und Größe vollständig identische Biene vor, während in Ägypten die von allen bekannten Racen durch geringere Größe, besonders helle Färbung und lichte Behaarung bei weitem ausgezeichnetste (Apis fasciata Latr.) auftritt und hier, wie es scheint, sich in ihren Merkmalen sehr constant verhält. Eine dieser Ägyptischen sehr nahe stehende, nämlich in Größe und Körperfärbung mit ihr übereinstimmende, aber durch dunklere Behaarung abweichende Form scheint über den größten Theil von Mittel= und Süd=Afrika verbreitet zu sein;

indem sie sich an der Ostküste von Abyssinien über Mossambique und das Caffernland bis zum Cap der guten Hoffnung erstreckt und auf der Westküste auch am Senegal (Apis Adansonii Latr.) auftritt. Sehr auffallend ist es nun, daß am Cap neben dieser eben bezeichneten buntfarbigen Form sich alle Übergänge bis zu einer fast ganz einfarbig dunkelen vorfinden, welche letztere sich von der Norddeutschen nur durch ihre geringere Größe — eine den Afrikanischen Bienen, mit Ausnahme der Algerischen, überhaupt in mehr oder weniger auffallender Weise zukommende Eigenschaft — unterscheidet. Diese einfarbig dunkele Form tritt aber außer am Cap auch in Guinea auf, wo neben ihr eine von Lepeletier als Apis nigritarum beschriebene, nur auf dem vorderen Drittheile des Hinterleibes hellgefärbte Varietät vorkommt und endlich auf der Insel Mauritius und in Madagascar (Apis unicolor Latr.), wo sie in ihrer besonders auffallend dunkelen Färbung nach Latreille sich constant bleiben soll.

Eine derartige Verbreitung der Biene über Afrika, welche sich auf die Ansicht einer größeren Reihe von Exemplaren aus verschiedenen Gegenden dieses Welttheiles stützt, würde zu verschiedenen Betrachtungen Anlaß geben; bevor ich jedoch auf diese eingehe, will ich noch durch Zusammenstellung einiger Nachrichten, welche verschiedene Reisende über das Vorkommen und zum Theil auch über die künstliche Zucht der Biene in Afrika geben, das Bild ihrer weiten Verbreitung daselbst vervollständigen. In Algier ist nach Lucas (Exploration scientifique de l'Algérie, Zoologie III., p. 141) die mit der Norddeutschen übereinstimmende Form der Honigbiene überall und in großer Menge verbreitet; sie wird von den Einwohnern und zwar besonders von den Kabylen, denen sie reichen Gewinn an Wachs und Honig bringt, auf Bienenständen gezüchtet. Für Ägypten können wir auf die bereits oben beigebrachte Mittheilung von de Maillet, die dort betriebene, sehr industrielle Bienenzucht mittels Versendung auf Nilkähnen betreffend, verweisen und brauchen nur noch zu erwähnen, daß dieselbe in übereinstimmender Weise auch von Niebuhr geschildert wird, während nach mündlicher Mittheilung weder Ehren-

berg noch Dr. Hartmann auf ihren Reisen durch Ägypten je
etwas davon bemerkt haben wollen. Die beiden letzteren stimmen
in ihren Angaben zugleich darin überein, daß in den südlich von
Ägypten liegenden, gleichfalls von ihnen bereisten Ländern, wie
Nubien, Abyssinien, Sennaar und Dongola, die Bienenzucht
wenigstens nicht in einigermaßen hervortretender Weise betrieben
werde, sondern daß man den in Felsenritzen und hohlen Bäumen
überall in Menge bauenden wilden Bienen Honig oder Wachs
je nach Lust oder Bedarf wegnehme. Dagegen erwähnt Barth
(Reisen und Entdeckungen in Nord= und Central=Afrika II.,
S. 105 und III., S. 214), daß er in den von ihm bereisten
Strecken des inneren Afrika zu wiederholten Malen wenigstens
eine wilde Bienenzucht angetroffen habe. Die erstcitirte Stelle
seines Reiseberichtes, welche sich auf die Gegend von Kussada
(zwischen Katsena und Kanö, 8° östl. Länge Greenw., zwischen
12° und 13° nördl. Br.) bezieht, lautet: „Mächtige Adansonien
erhoben sich auf allen Seiten mit ihrem ungeheuren kahlen Ast=
werk und zeugten ebenfalls von der Industrie der Bewohner:
denn Bienenkörbe, aus ausgehöhlten Ästen bestehend, waren in
den Gipfeln der Kúka befestigt. Zur Bienenzucht schien dieser
Bezirk ganz besonders geeignet, denn das umher sich ausbrei=
tende Weideland war mit reich duftenden Büschen geschmückt,
welche den emsigen Bienen nahrhafte Speise gewährten." In
der zweiten Stelle, in welcher das südwestlich vom Tschad=See
gelegene Mußgu=Land beschrieben wird, heißt es: „Die Gehöfte
mit ihren Hütten lagen in Gruppen über einen weiten Raum
zerstreut und waren von Acker= oder vielmehr Stoppelfeld um=
geben; dasselbe war von den schönsten Akazien= und Karäge=
Bäumen beschattet, welche selbst die prächtigsten Bäume von
Kórom an Fülle übertrafen. Natürlich wünschten die Vornehmen,
in dem Schatten dieser herrlichen Bäume ihre Lagerstätte zu er=
richten; aber kaum hatte das Volk angefangen, es sich hier bequem
zu machen, als sie von einem Schwarm großer(?) Bienen über=
fallen wurden, die sich ihnen hinter die Ohren setzten und sie
auf's Äußerste plagten. — — — Erst durch Anzünden großer

Rauchfeuer vermochten sich selbst die entfernt Gelagerten vor ihnen zu schützen. Wir hatten vorher im Mußgu=Lande keine Bienenzucht bemerkt; hier aber waren zahlreiche, aus ausgehöhlten dicken Baumstämmen bestehende Bienenkörbe in den größeren Bäumen aufgestellt." — Die Nachrichten über das Vorkommen der Biene an der Westküste Afrika's betreffen außer den Canarischen Inseln, auf welchen sie nach Webb und Berthelot (Histoire naturelle des Iles Canaries II., 2. Entomologie p. 84) ebenfalls einheimisch ist und wo sie vermuthlich, da der Angabe »Apis mellifica« Nichts weiter hinzugefügt ist, mit der Nordischen Biene übereinstimmen wird, hauptsächlich Senegambien. Über die dort einheimische hellfarbige Varietät sagt bereits Latreille (Annales du Muséum d'histoire naturelle V. 1804, p. 172), indem er sie für eine besondere Art ansah und Apis Adansonii benannte: »Adanson a trouvé cet insecte au Sénégal dans des troncs d'arbres«; und Adanson selbst (Reise nach Senegall, übersetzt von Martini. Brandenburg 1773, S. 120) giebt uns über dieselbe folgende ausführlichere Nachricht: „In der Gegend von Podor war ich alle Tage gegen Mittag in der sicheren Erwartung, von einem, zwei oder noch mehreren Bienenschwärmen besucht zu werden, welche in die Schiffskammer eindrangen und mich nöthigten, das Schiff zu verlassen. Dies begegnete mir vom October bis December zu Podor; wahrscheinlich verlassen die Bienen in diesen drei Monaten die alten Stöcke, um sich neue zu bauen; man findet alsdann solche von großem Umfange. Einst besah ich das Dach einer Negerhütte, sechszehn Quadratfuß groß; es war mehr als vier Finger hoch überall mit bewohnten Bienenzellen überzogen. Das ist, wie mich deucht, ein hinlänglicher Beweis von der unglaublichen Menge solcher Insecten in diesem Lande. Sie bauen überall an, vorzüglich aber in hohlen Stämmen alter Bäume. In diesem Jahre hatten sie drei große Stöcke in unserer Wohnung zu Podor gebaut, einen zwischen Fensterladen und Fenster und zwei auf dem flachen Boden von kleinen Spinden. Es hält sehr schwer diese Thiere zu verjagen, wenn man es gleich des Nachts mit Feuer thun wollte. Von den Eu=

ropäischen Bienen sind sie bloß durch ihre Kleinheit (*) unterschieden; ihr Honig aber hat etwas Besonderes, ist allezeit flüssig und gleicht einem braunen Syrup." Eine zweite Mittheilung über die Biene in Senegambien, welche ich hier in Deutscher Übersetzung wiedergebe, überliefert uns Olivier (Encyclopédie méthodique, Insectes I. Art.: Abeille, p. 49): „Herr Geoffroy von Villeneuve, Officier in der Afrikanischen Armee und Sohn des berühmten Autors der Naturgeschichte der Insecten aus der Umgebung von Paris, sagt uns in einem handschriftlichen Auszuge aus einer Reise, die er nach dem Senegal unternommen hat, daß, wenn man von Guisguis herabkomme, man eine Menge von Bäumen mit Bienenkörben, die sehr gut aus Stroh geflochten seien und nur eine sehr kleine Öffnung haben, besetzt sehe. Die Neger dieser Gegend gingen nur zweimal des Jahres an die Bienenstöcke, um Honigernte zu halten. Die erste würde gegen Ende des Mai vorgenommen und sei die reichste, die zweite finde Anfang Decembers Statt; auf letztere sei nicht viel zu rechnen, sei es, daß die Regenzeit, sei es, daß die schlechte Methode der Neger, nach Ausräucherung des Stockes den ganzen Inhalt wegzunehmen, dieselbe vermindere. Vielleicht würde man erstaunt sein, daß ein Land, welches den größten Theil des Jahres hindurch nur eine so geringe Menge von Blumen producire, so vielen Bienen Nahrung bieten könne; aber das Erstaunen mindere sich, wenn man erst wisse, daß diese Insecten sich mit dem Harz begnügen, welches von den stachligen Bäumen, die dergleichen sämmtlich in größerer oder geringerer Menge erzeugten, ausfickere."

---

*) Da der Unterschied in der Größe zwischen der Nordeuropäischen Biene und der vom Senegal stammenden nicht so auffallend ist, als daß er in dieser Weise hervorgehoben zu werden brauchte, könnte man leicht auf die Vermuthung kommen, Adanson habe eine wirklich verschiedene Art beobachtet. Da Latreille aber ausdrücklich angiebt, daß er seine Apis Adansonii von Adanson selbst erhalten habe, so kann über die Identität der von letzterem erwähnten Biene mit Apis mellifica kein Zweifel obwalten; Latreille giebt ihr Maaß, wie es auch in der That ist, nur um ein Geringes kleiner als das der Europäischen Race an.

Weiter wird das Vorkommen der Honigbiene im Innern Süd-Afrika's durch Andersson und Livingstone constatirt. Ersterer (Lake N'Gami or Explorations and discoveries etc. London 1856. p. 132) sagt darüber: „Wilde Bienen legen ihre Nester sehr häufig in den riesigen Bauten der Termiten an; in manchen Jahren sind sie sehr zahlreich. Die Gemüthsart dieser Insecten scheint ungewöhnlich friedlich und geduldig zu sein, denn ich habe in der That nie die Bemerkung gemacht, daß die Leute, wenn sie ihre Nester beraubten, von ihnen gestochen worden sind. Gewöhnlich werden diese Nester zuerst ausgeräuchert; aber ich habe mich ebenso oft überzeugt, daß die nackten Wilden sich ihnen ohne Furcht näherten und sie ohne weitere Vorsicht ausnahmen." Der Bericht von Livingstone (Missionary travels and researches in South-Africa. London 1857. p. 614) lautet: „In Londa wird Bienenzucht getrieben, man findet daselbst Bienenstöcke auf Bäume gesetzt in den einsamsten Waldungen. Wir begegneten oft Wagen mit großen Stücken Wachs von 80 bis 100 Pfund Gewicht und in jedem Dorfe wurde uns solches zum Kauf angeboten; aber hier (nämlich am Zambesi, 16° südl. Br.) sahen wir niemals auch nur einen einzigen Bienenstock; überall wurden die Bienen in natürlichen Höhlen von Mopane-Bäumen angetroffen. In manchen Theilen des Batoka-Landes existiren Bienen in großer Menge und der an Sketelu zu zahlende Tribut wurde oft in großen Gefäßen voll Honig entrichtet. Ein wenig Wachs sah ich auch in Killmane, welches von den Eingeborenen dieser Gegend herbeigeschafft wurde." Letzterer Ort liegt bereits in Mossambique, welches Land ich selbst gleichfalls als Fundort der Biene nach einigen von Peters daselbst gesammelten Exemplaren angegeben habe (Peters, Naturwissenschaftliche Reise nach Mossambique. Zoologie V., Insecten S. 439), hierbei zugleich den Nachweis von der Art-Identität aller in Afrika vorkommenden Formen der Honigbiene mit der Europäischen liefernd. Am Cap der guten Hoffnung wurde „unsere Honigbiene" von Frauenfeld („Aufenthalt am Cap der guten Hoffnung", Verhandlungen der zoologisch-botanischen Gesellschaft zu Wien, 1860. S. 85) beobachtet und ohne allen Zweifel bezieht sich auf dieselbe auch eine Mittheilung Lichtenstein's, obwohl er selbst die von ihm erwähnte Biene als einer besonderen Art angehörig betrachtete. Er sagt nämlich (Reisen im südlichen Afrika in den Jahren 1803 bis 1806. Berlin 1811. I. Bd., S. 335): „Eine eigene Bienen=Art, die diese Höhen (nämlich bei Lange Kloof) bewohnt, bereitet aus den Blüthen der Brunie den herrlichsten Honig und häuft ihn in hohlen Baumstämmen und Felsritzen an. Er ist völlig weiß, die Wachszellen sind so dünn, daß sie beim Einsammeln mit dem Honig verschmelzen, der sich dann bequem in eine Flasche gießen läßt. Sein Geschmack ist so lieblich und mild, daß ich mir den des Hymettischen kaum köstlicher denken kann. Von den Colonisten in Lange Kloof wird er häufig eingesammelt und statt des Zuckers genutzt." — Endlich über die auf den Inseln an der Ostküste Afrika's, Madagascar und Mauritius (Isle de France), vorkommende dunkelgefärbte Abart der Honigbiene, welche Latreille als Apis unicolor beschrieb, haben wir von diesem (Annales du Muséum d'histoire naturelle V., p. 168 f.) noch folgende Mittheilung: „Der Honig dieser Art zieht in das Grüne, wenn er in den Waben enthalten ist; seine Farbe und Vorzüglichkeit hängt von der Verschiedenheit der Pflanzen jener Gegenden und von der Temperatur ab. Die Bevölkerung von Madagascar hat es verstanden, die Industrie dieses Insectes zu ihrem Nutzen auszubeuten, denn wir besitzen von Herrn de la Nux eine Abhandlung (*) über die Form der Bienenstöcke, welche dort in Gebrauch sind." Worauf Lepeletier seine Angabe, daß dieselbe Biene nach Mauritius eingeführt worden sei (Hist. nat. des Insectes Hyménoptères I., p. 403), basirt, ist mir unbekannt; dieselbe steht wenigstens im Widerspruch mit Grant's Versicherung (The history of Mauritius or the Isle of France. London 1801, p. 67), daß die dortige Biene, welche ausgezeichneten Honig liefere, ein auf der Insel eingeborenes Geschöpf sei.

---

*) Dieselbe ist mir nicht näher bekannt geworden.

Schon die hier angeführten Mittheilungen der Autoren, welche sich übrigens bei weiterer Durchsicht der betreffenden Literatur ohne Frage sehr erheblich vervollständigen ließen, müssen im Verein mit den oben angeführten, dem Objecte selbst entlehnten Daten unzweifelhaft die Überzeugung gewähren, daß die Verbreitung der Honigbiene in Afrika eine ganz allgemeine sei; ist die Existenz derselben an vielen Punkten dieses massigen Erdtheiles bis jetzt noch nicht direct nachgewiesen, so ist sie an denselben schon um deswillen mit Sicherheit zu vermuthen, als die bisherigen Fundorte sich nicht nur auf die Küsten der verschiedensten Himmelsgegenden, sondern auch auf die von einander entferntesten Punkte des Innern vertheilen. Schon diese weite Ausdehnung eines in Europa vorkommenden Insectes über eine unter den verschiedensten Breitegraden liegende Ländermasse von etwa 540,000 Quadratmeilen könnte, wenn sie nämlich eine ursprüngliche sein sollte, mit Recht Verwunderung erregen und leicht zu der Vermuthung Anlaß geben, es habe bei einem Insect, welches zu einer künstlichen Ausbreitung so triftigen Anlaß giebt, denn doch wohl eine allmähliche Verschleppung von Ort zu Ort statt gefunden. Eine solche Annahme würde aber, abgesehen von ihrer in Betracht der Cultur-Verhältnisse Afrika's sehr geringen Wahrscheinlichkeit, mit unseren sonstigen Erfahrungen über die geographische Verbreitung der Thiere in Afrika durchaus nicht harmoniren; vielmehr verliert angesichts der Letzteren eine derartig weite Verbreitung ganz den Schein des Außergewöhnlichen. Bereits Erichson (Beitrag zur Insecten-Fauna von Angola in Wiegmann's Archiv für Naturgeschichte IX., S. 199 ff.) hat auf die ungemeine Einförmigkeit der Fauna Afrika's nicht nur unter den Insecten, sondern auch den Säugethieren und Vögeln aufmerksam gemacht und besonders auch die Übereinstimmung der an den einander gegenüberliegenden Küsten, wie Senegambien und Abyssinien, vorkommenden Arten hervorgehoben; der in Ägypten und am Cap der guten Hoffnung gleichzeitig auftretenden Species giebt es so viele, daß es des Hervorhebens einzelner garnicht bedarf. Somit hätte also für den Thiergeographen das allgemeine Vorkommen der Biene in Afrika durchaus nichts Auffallendes. Wohl aber muß es in hohem Grade überraschen, in demselben Welttheil, für den sonst eine vollständige Übereinstimmung der an den entlegensten Punkten auftretenden Individuen einer und derselben Art wenigstens unter den Insecten allgemein bekannt ist, die Biene in den mannigfaltigsten und prägnantesten Varietäten und ohne daß sich für die Vertheilung derselben nur irgend wie ein bestimmtes Gesetz nachweisen ließe, vorzufinden. Am ehesten würde noch das, wie es scheint, geographisch ziemlich scharf begrenzte Auftreten der Nord=Europäischen Biene in Algier mit unseren sonstigen Erfahrungen übereinstimmen. Denn daß die Afrikanischen Küstenländer des Mittelmeeres sich in ihrer Fauna der Europäischen anschließen, daß sie wesentlich mit den gegenüberliegenden Europäischen übereinstimmen, und nur einzeln vorkommende Formen sich dem Welttheil eigenthümlich zeigen, ist das Resultat der Untersuchungen gewesen, welche Erichson in Moritz Wagner's „Reisen in der Regentschaft Algier", III. Bd., S. 140, angestellt hat. „Es schließt sich", wie derselbe (Fauna von Angola, S. 201) sagt, „die Berberei sehr scharf vom südlicheren Afrika ab, nicht sowohl, wie es scheint, durch die Atlasketten als durch die Saharawüste. Ägypten hat in seiner Fauna einen näheren Anschluß an das übrige Afrika als an die Berberei, und wenn sich einzelne Formen von dort über das übrige Afrika ausbreiten, geschieht es nur über Ägypten." Nach diesem durch die Entdeckungen der letzten zwanzig Jahre nur noch bekräftigten Gesetze würde die auffallende Verschiedenheit der Algerischen Biene von der Ägyptischen, so wie andererseits ihre vollständige Übereinstimmung mit der Portugiesischen und Spanischen ganz erklärlich sein; doch würden wir andererseits nach demselben Gesetze auch eine Übereinstimmung zwischen der Ägyptischen Biene und derjenigen des übrigen mittleren und südlichen Afrika zu erwarten haben. Eine solche findet sich nun aber, wie bereits dargelegt, durchaus nicht vor, sondern wir treffen neben einer der Ägyptischen allerdings sehr nahestehenden Form, die auch zugleich eine sehr weite Ausdehnung hat, an verschiedenen, weit von einander entfernten

Punkten, wie in Guinea, am Cap, auf Madagascar, entweder gleichzeitig oder sogar für sich bestehend eine einfarbig dunkele, der Europäischen gleichende Race an. Was für die Erklärung dieser merkwürdigen Thatsache hauptsächlich in Betracht zu ziehen ist, ist der Umstand, daß die dunkelgefärbte Form der Biene bis jetzt noch nirgends im Innern Afrika's, sondern bisher nur an einzelnen Punkten der Küstenländer aufgefunden worden ist. Allerdings sind unsere Kenntnisse in Betreff der Biene des Inneren Afrika's bis jetzt noch viel zu lückenhaft, als daß sich schon jetzt mit Bestimmtheit sagen ließe, die dunkelgefärbte Race fehle daselbst gänzlich; sollte dies sich aber durch künftige Untersuchungen bestätigen, so würde ich keinen Augenblick daran zweifeln, daß letztere, wo sie sich auf dem Festlande Afrika's gegenwärtig vorfindet, nicht ursprünglich daselbst existirt habe, sondern durch die Europäer eingeführt sei. Eine solche Einführung durch die Portugiesen, welche Guinea und das Cap bereits im funfzehnten Jahrhundert kennen lernten und nach und nach in Besitz nahmen, würde durchaus keine gewichtigen Gründe gegen sich haben; vielmehr würde, da die Portugiesische Biene der Nord-Europäischen vollkommen gleich ist, das Auftreten von Mischlingen am Cap, die wohl nur durch Copulation der Europäischen mit der specifisch Afrikanischen Race entstanden sein können, in der Annahme einer Importation die einzige genügende Erklärung finden. Für Madagascar möchte ich allerdings von einer solchen Hypothese vorläufig noch abstehen, da dieses Land mit Afrika in zoologischer Beziehung so wenig gemein hat, daß eine Übereinstimmung seiner Bienen-Race mit der des Festlandes kaum zu erwarten wäre; auch bietet die daselbst einheimische Form trotz ihrer vollständigen specifischen Identität mit der Europäischen immer noch einen so eigenthümlichen Habitus dar, daß die Annahme eines genealogischen Zusammenhanges gewagt erscheinen müßte.

Bekanntlich ist der Verbreitungskreis unserer Honigbiene mit der alten Welt nicht abgeschlossen, sondern sie findet sich heute zu Tage auch in einem großen Theile Amerika's; als die hier eingebürgerte Form derselben ist bis jetzt, was ich ausdrücklich erwähnen will, ausschließlich die einfarbig dunkele Nord-Europäische bekannt geworden. Daß dieselbe in einige Länder Amerika's, wie z. B. Brasilien von Europa aus eingeführt worden ist, kann wegen der Neuheit des Datums (für Brasilien nach Reinhardt das Jahr 1845) nicht zweifelhaft sein; dagegen haben sich divergirende Ansichten über die Frage erhoben, ob nach Nord-Amerika, wo die Biene seit viel längerer Zeit existirt, gleichfalls eine Importation statt gefunden habe oder ob dieses Land ebenfalls mit in den ursprünglichen Verbreitungs-Bezirk dieses Insectes hineinzuziehen sei. Für erstere Alternative haben sich mit Ausnahme Olivier's, dem (Encyclopédie méthodique, Insect. L, p. 49) die Identität der Amerikanischen mit der Europäischen Honigbiene noch zweifelhaft schien, zunächst alle bedeutenderen Entomologen Europa's ausgesprochen. So sagt Latreille (*) (A. de Humboldt, Recueil d'observations de Zoologie, p. 299) von Apis mellifica: »que l'on retrouve en Barbarie et qui s'est même naturalisée en Amérique jusqu'aux Antilles«, und an einer zweiten Stelle (Annales du Muséum d'histoire naturelle, p. 167): »On l'a portée dans l'Amérique septemtrionale où elle s'est singulièrement multipliée. Les essaims, qui se sont affranchis de la domesticité, ont établi dans les forêts de cette partie du Nouveau-Monde des colonies si nombreuses, qu'il serait impossible d'en détruire la race. Monsieur Bosc me dit que les sauvages connaissent qu'ils touchent aux limites des possessions des Anglo-Américains, par la présence des sociétés de ces insectes. Cette espèce a aussi été transplantée à St. Domingue.« In übereinstimmender Weise berichtet auch Lepeletier de St. Fargeau (Histoire naturelle des Insectes Hyménoptères I., p. 401): Elle a été transportée dans l'Afrique septemtrionale et même dans l'Amérique du nord« und Westwood (Introduction to the modern classification of Insects

---

*) Brun (Bienenzeitung 1858, S. 41) schreibt irriger Weise diese Abhandlung Latreille's über die Bienen Alexander v. Humboldt zu.

II., p. 285): »Apis mellifica Lin., or the common hive bee of Europe, and which has also been introduced into the United States of America.« Über die geographische Verbreitung der Insecten, so weit sie durch die Cultur bewirkt worden ist, handelnd, erwähnt das gleiche Factum auch Lacorbaire (Introduction à l'entomologie II., p. 543): »Enfin l'homme lui-même n'est pas sans exercer une assez grande influence sur les Insectes, tant sous le rapport de leurs habitations que de leurs stations. Il les transporte volontairement ou à son insu à d'immenses distances, comme il l'a fait pour les Abeilles, qu'il a importées dans le nouveau continent« und ferner (ebenda II., p. 544): »Sous ce rapport on peut citer comme un des exemples les plus intéressans de diffusion d'une espèce due à cette cause, ce qui est arrivé aux Abeilles d'Europe transportées dans l'Amérique du nord. On sait qu'elles y sont en grande partie redevenues sauvages.« — So gewichtig aber auch der Ausspruch solcher Autoritäten, wie der angeführten, sein muß, so dürfte es doch noch in höherem Grade von Interesse sein, die Ansicht solcher Persönlichkeiten zu vernehmen, welche sich durch Beobachtung und Erfahrungen an Ort und Stelle ein um so begründeteres Urtheil über den Sachverhalt haben verschaffen können. Unter diesen ist außer dem schon von Latreille citirten Bosc zuerst Thomas Jefferson zu erwähnen, welcher in seinen »Notes on the state of Virginia« (London 1787, 8vo.), p. 121 sich folgendermaßen äußert: »The honey bee is not a native of our continent. Marcgrave indeed mentions a species of honey bee in Brasil; but this has no sting and is therefore different from the one we have, which ressembles perfectly that of Europe. The Indians concur with us in the tradition that it was brought from Europe; but when and by whom, we know not. The bees have generally extended themselves into the country, a little in advance of the white settlers. The Indians therefore call them »the white man's fly« and consider their approach as indicating the approach of the settlements of the whites.« Auf diesen Ausspruch Jefferson's, der, als von einem Amerikaner herrührend, um so größeres Gewicht haben muß, stützt sich, wie es scheint, auch wohl der Prinz Maximilian zu Wied, wenn er (Reise in Nord-Amerika I., S. 180) sagt: „Merkwürdig ist es, daß die Biene, welche die Europäer nach Amerika brachten, sich nun überall in den Wäldern verbreitet hat; die Indianer sollen dies Insect »the white man's fly« nennen": während eine zweite Stelle seiner Reise (II., S. 346): „Es ist bekannt, daß die Biene in Amerika nicht einheimisch war, sondern erst seit Ankunft der Europäer sich in Nord-Amerika verbreitet hat; sie ist jetzt schon am Missouri hoch hinauf verbreitet, ihr Honig wird von Indianern und Weißen aus den hohlen Bäumen ausgehauen", deutlich auf eigene Beobachtung hinweist. Weiter ist von Verfechtern dieser Ansicht John Josselyn anzuführen, welcher zuerst im Jahre 1638 und nachher im Jahre 1663 in Neu-England war und in der Beschreibung seiner Reise (Voyage to New-England p. 120) ebenfalls sagt: »The honey bees are carried over by the English and thrive there exceedingly« ; vor allen aber Benjamin Smith Barton, der sich in einer mit ebenso großer Sachkenntniß als Unparteilichkeit geschriebenen Abhandlung: »An Inquiry into the Question, whether the Apis mellifica or True Honey-Bee is a native of America« (Transactions of the American philosophical society III. Philadelphia 1793, p. 251 — 261), mit voller Entschiedenheit für die Einführung der Biene aus Europa erklärt und dies mit den vollgültigsten Beweisen belegt. Die Wichtigkeit dieses Aufsatzes für die vorliegende Frage veranlaßt mich, im Folgenden eine Reihe darin gegebener Notizen hier mitzutheilen, was gewiß um so wünschenswerther ist, als die Barton'sche Beweisführung selbst ihrer Existenz nach in Europa so gut wie gar nicht bekannt geworden zu sein scheint. Den von Barton angeführten Gründen werde ich außerdem noch andere hinzuzufügen haben, welche die seit seiner Zeit beträchtlich vorgerückte Kenntniß des Gegenstandes an die Hand giebt.

Zuvor kann ich jedoch nicht unerwähnt lassen, daß es wenigstens unter den Nord-Amerikanern nicht an Autoren gefehlt hat, welche ihrem Vaterlande den Ruhm, ein so nützliches Insect wie die Honigbiene ursprünglich besessen zu haben, nicht wollten streitig machen lassen und die es offenbar in diesem Sinne unternommen haben, die Gründe, welche für ihre Einführung geltend gemacht worden sind, zu widerlegen. Wie unkritisch einer dieser Autoren, J. E. van den Heuvel in seinem Aufsatze: »On American Honey bees« (Silliman's American Journal of Science and Arts III. 1821, p. 79—85) bei diesem Vorgange verfahren ist, hat bereits Brun (Bienenzeitung 1858, S. 37—44) zur Genüge dargelegt und ich brauche daher auf jene Beweisgründe hier um so weniger noch einmal einzugehen, als sich mir ergeben hat, daß dieselben garnicht seinem eigenen Kopfe entsprungen, sondern der Mehrzahl nach einer von Barton (a. a. O.) citirten Abhandlung eines Dr. Belknap entlehnt sind. Letzterer hat nämlich im Jahre 1792 eine Schrift: »A discourse intended to commemorate the discovery of America by Christopher Columbus« (Boston, 8vo.) veröffentlicht, welcher als Anhang jene Beweisführung gegen die Europäische Abkunft der Nord-Amerikanischen Honigbiene beigegeben ist. Nach Barton's Angabe stützt Dr. Belknap seine Ansicht auf folgende Facta: 1) Columbus habe nach seiner eigenen sowohl als seines Sohnes Mittheilung bei seiner ersten Rückkehr von den Antillen, als in ihm bei Gelegenheit eines Sturmes die Sorge entstand, es möchten durch den Untergang seines Schiffes den Zeitgenossen seine Entdeckungen verloren gehen, einen auf Pergament geschriebenen Bericht in eine Capsel von Wachs, das er sich auf Hispaniola verschaffte, eingeschlossen und diese dem Meere übergeben. 2) Nach Purchas Mittheilung hätten die Mexicaner schon vor der Ankunft der Spanier ihren Königen neben verschiedenen anderen Naturproducten auch eine bestimmte Quantität Honig als jährlichen Tribut liefern müssen. 3) Ebenfalls nach Purchas hätte Ferdinand de Soto, als er im Jahre 1540 mit seiner Armee nach Chiaha in Florida kam, unter den Vorräthen der eingeborenen Indianer dieses Ortes einen Topf voll Bienenhonigs vorgefunden. Da damals mit Ausnahme Mexico's und Peru's noch keine Europäer in Amerika ansässig gewesen seien, sei dieser Topf Honigs ein vollgültiger Beweis dafür, daß sich die Honigbiene nach Norden bis Florida hinauf schon vor der Ankunft der Europäer daselbst vorgefunden haben müsse. — Was die unter Nr. 1 und 2 angeführten Fälle betrifft, so können dieselben, wie schon Barton bemerkt, nicht im entferntesten beweisend für die damalige Existenz der Apis mellifica auf den Antillen und in Mexico sein. Daß das von Columbus gebrauchte Wachs auch von Pflanzen, wie Myrica cerifera, herrühren konnte (Barton), wäre allerdings möglich; indessen diese Annahme scheint mir viel zu weit hergeholt, da ja sowohl auf den Antillen als in Mexico lange Zeit vor Ankunft der Europäer Honig und Wachs in Fülle von den zahlreichen daselbst einheimischen Honigbienen aus den Gattungen Trigona und Melipona vorhanden sein mußte. Wenn dem gelehrten Abt Clavigero, wie Barton gegen Belknap anführt, seiner Zeit schon fünf in Mexico einheimische Arten von Honigbienen bekannt waren, so kennt man gegenwärtig aus diesem Lande bereits sechszehn (so viele besitzt die Entomologische Sammlung hiesiger Universität) und mithin konnten die Mexicaner schon vor der Ankunft des Cortez durchaus nicht über Mangel an Honig klagen. Somit wären also die beiden ersten von Belknap beigebrachten Zeugnisse durchaus nichtig. Einen wenigstens scheinbar viel triftigeren Beleg für seine Ansicht hätte derselbe aber aus dem Werke des Francesco Hernandez über Mexico beibringen können, in welchem schon für das Ende des sechszehnten Jahrhunderts die Existenz der Europäischen Honigbiene in jenem Lande angedeutet wird. Es heißt nämlich in demselben (Franc. Hernandez, Rerum medicarum novae Hispaniae Thesaurus. Romae 1618 (*).

---

*) Diese erst nach dem Tode des Verfassers erschienene Ausgabe seines Werkes rührt von Alph. Ferrino her; Hernandez selbst wurde von Philipp dem Zweiten schon gegen Ende des sechszehnten Jahrhunderts nach Mexico gesandt.

fol. lib. IX., p. 333, cap. 21): »Multa mellis genera in nova Hispania mihi adhuc observare licuit, non loco solum, veluti vetere orbe, verum ipsa materia et apum diversis generibus distantia. Primum est Hispaniensi per omnia simile idemque et quod ab apibus Hispanicis congeneribus sponte in cavitatibus arborum fabricetur, quas Indi secta in apiaria reponunt ac congerunt.« Für einen Autor, wie Belknap, der offenbar eine vorgefaßte Meinung durchfechten will, hätte diese so bestimmt lautende Angabe eines Arztes, der doch höchstens 70 Jahre nach der Eroberung Mexico's beobachtete und schrieb, offenbar von großem Gewicht sein müssen; schade also für ihn, daß er sie nicht (so wenig wie Barton) gekannt hat! An und für sich betrachtet könnte dieselbe nun auch in der That als eine für die Frage gewissermaßen entscheidende angesehen werden; indessen näher erwogen, büßt sie dennoch viel von ihrer Beweiskraft ein. Man könnte zuerst dagegen anführen, daß zwischen dem Jahre 1520, in welchem Cortez Mexico eroberte und dem Ende deßselben Jahrhunderts eine hinreichend lange Zeit verstrichen sei, um die Honigbiene aus Spanien in die neue Colonie einzuführen und vielleicht auch geltend machen, daß nach unseren über die schnelle Verwilderung derselben in Nord-Amerika gewonnenen Erfahrungen eine solche Verwilderung schon vor Hernandez Zeiten statt gefunden haben könne. Doch diese immerhin etwas gewagte Hypothese scheint mir garnicht einmal nöthig; ich möchte vielmehr glauben, daß Hernandez, der kein besonders geübter Zoologe war, sich in Betreff der Identität der von ihm erwähnten Biene mit der Apis mellifica geirrt und für letztere eine in Mexico ursprünglich einheimische Melipona angesehen habe. Es existirt nämlich in diesem Lande eine bis jetzt unbeschriebene Art der Gattung Melipona, welche zwischen Mel. rufiventris Lepel. und bicolor Lepel. in der Mitte steht, sich von ersterer durch schwarze Beine und dunkler behaarten Scheitel, von letzterer durch rostrothen Hinterleib unterscheidet und wenigstens in Form und Größe der Europäischen Honigbiene ziemlich nahe tritt, so daß sie von einem weniger geübten Beob-

achter aus dem sechszehnten Jahrhundert leicht mit dieser hätte
verwechselt werden können. — Um auf den dritten der Belknap'schen Beweisgründe, die Existenz der Honigbiene in Florida
betreffend, überzugehen, so meint Barton, der von Ferdinand
de Soto vorgefundene Honigtopf könne wegen des Vorkommens
einheimischer Bienen (Melipona, Trigona) ebenso wenig be-
weiskräftig sein als der Tribut der Mexicaner. Diese Ansicht
Barton's ist indessen nicht begründet: während aus Mexico
und von den Antillen, wie wir gesehen haben, zahlreiche daselbst
einheimische honigerzeugende Bienenarten bekannt sind, fehlt uns
der Nachweis für die Existenz einer solchen in Florida bis jetzt
gänzlich. Unwahrscheinlich ist dieselbe allerdings nicht; denn da
bis jetzt überhaupt nur eine Melipona, nämlich die Apis atrata
Fab. (Entom. syst. suppl. p. 275, No. 83) aus Nord-Amerika bekannt geworden ist, während im Übrigen die nördliche
Gränze der Meliponen und Trigonen mit Mexico und den
Antillen endigt, so ist schon nach den Gesetzen der geographischen
Verbreitung mit großer Wahrscheinlichkeit zu vermuthen, daß
jene einzige über das eigentliche Gebiet hinausreichende Art gewiß in dem südlichsten Lande Nord-Amerika's, also eben in Florida vorkommen werde. Sei dem aber wie ihm wolle, so berechtigt die von Belknap citirte Erzählung des Purchas in
keinem Fall zu der Annahme, die Europäische Biene habe zur
Zeit Ferdinand de Soto's in Florida existirt, da ihr nach
Barton (a. a. O. S. 248) ein anderer Bericht, welcher von
einem den General selbst begleitenden Portugiesischen Edelmann
herrührt, («A relation of the invasion and conqueste of
Florida by the Spaniards under the command of Fernando
de Soto») entschieden widerspricht. „Die Indianer von Chiaha,"
heißt es darin, „hatten eine große Menge Butter oder vielmehr
Fett in Töpfen, flüssig wie Öl; sie sagten, es wäre Bärenfett.
Wir fanden dort auch Wallnußöl, so klar wie das Fett, und
einen Topf Honig, obwohl wir weder vorher noch nachher
in ganz Florida weder Bienen noch Honig gefunden
hatten." Dieser einfache Bericht ist, wie schon Barton hin-

zufügt, wichtig: Soto und sein Nachfolger Alvarado hatten von 1539--1543 das Land in weiter Ausdehnung durchstreift, die Armee hatte die Vorrathskammern der unglücklichen Eingeborenen heimgesucht, und doch hatte sie mit Ausnahme des einen Topfes weder Honig noch in den Wäldern Bienen angetroffen; wäre unsere Honigbiene im Lande damals einheimisch gewesen, so würde sie bei der Masse saftreicher Pflanzen gewiß oft in Menge gesehen worden sein. Endlich würde auch der Belknap'schen Annahme eine Mittheilung an Barton widersprechen, durch welche direct die Einführung der Europäischen Biene nach Florida constatirt wird; dieselbe ist ihm von seinem „zuverlässigen Freunde" William Bartram zugekommen und lautet dahin: „Als Bartram im Jahre 1775 in West-Florida war, wurde ihm ein Bienenstock, der einzige in der ganzen weiten Umgegend, als Merkwürdigkeit gezeigt; derselbe war dorthin von England aus eingeführt worden, als die Engländer im Jahre 1763 Pensacola in Besitz nahmen. In Ost-Florida werde jetzt (also 1793) die Honigbiene allerdings wild angetroffen und sie sei daselbst seit geraumer Zeit, vielleicht seit hundert Jahren bekannt; seine Nachforschungen hätten ihn aber überzeugt, daß sie auch dort nicht eingeboren sei."

Sind somit die Gründe, welche für die ursprüngliche Existenz der Honigbiene in Amerika geltend gemacht worden sind, zur Genüge widerlegt, so lassen sich andererseits desto überzeugendere für ihre Einführung aus Europa beibringen. Könnte die letztere selbst nicht durch genaue historische Daten nachgewiesen werden, so würden dafür schon zwei, bereits von Barton mit besonderem Nachdruck hervorgehobene Umstände sprechen, nämlich erstens, daß, als John Elliot die Bibel in die Sprache der Eingeborenen Nord-Amerika's übersetzte, in letzterer keine Ausdrücke für Wachs und Honig existirten und zweitens, daß die Eingeborenen selbst und zwar in den verschiedensten Gegenden Nord-Amerika's die Honigbiene, wie schon ihre für dieselbe gewählte Bezeichnung: »the white man's fly« andeutet, als ein von den Weißen eingeführtes Insect ansehen. Der Rev. Heckewelder berichtet in dieser Beziehung an Barton (a. a. O. S. 257), daß, obwohl er die Honigbiene in den verschiedensten Gegenden der Vereinigten Staaten wild gesehen habe und zwar in einiger Entfernung von den Ansiedelungen der Weißen, er überall von den Indianern versichert worden sei, daß diese Insecten nicht vor der Ankunft der Weißen daselbst bekannt gewesen seien. Zwar will Belknap die Erfahrung, daß die Biene den Ansiedelungen der Weißen immer etwas voraus eile, durchaus nicht als beweisend für ihre Einführung aus Europa ansehen und von jener allein die Bezeichnung »white man's fly« der Indianer ableiten; indessen auch hierauf erwidert schon Barton in seiner klaren und überzeugenden Weise: „Sei jener Umstand gleich nicht beweisend, so habe derselbe doch immer einen bedeutenden Werth. Er selbst habe den Namen, womit die Indianer die Biene bezeichneten, stets als einen stricten Beweis für Jefferson's Ansicht, daß dieselbe nicht ursprünglich Amerikanisch sei, angesehen. Die Rohheit und Einfalt der Indianer zugegeben, so seien dieselben doch keineswegs ungeschickte Beobachter von Thieren und Pflanzen, sondern verfolgten die Fortschritte derjenigen, welche die Weißen eingeführt haben, mit der größten Aufmerksamkeit. So nennen sie den großen Wegerich »Englishman's foot« und sagen, daß, wo immer ein Europäer gegangen sei, diese Pflanze in seinen Fußstapfen wachse; auch hiermit wollen sie ausdrücken, daß diese Pflanze vor Ankunft der Europäer nicht bekannt war. Ganz in demselben Sinne sei auch der Ausdruck »the white man's fly« für die Biene erfunden; wenn die südlicheren Indianer die Honigbiene in den Wäldern sähen, schlössen sie daraus auf das baldige Nachfolgen der Weißen." — So wahrscheinlich es nun aber auch die beiden erwähnten Momente machen, daß die Nord-Amerikanische Honigbiene Europäischen Ursprungs sei, so würden sie uns doch immer noch nicht volle Sicherheit über diese Frage gewähren; vielmehr würden wir hierfür den sicheren historischen Nachweis, daß und zu welcher Zeit man die Biene von Europa zuerst nach Amerika verpflanzt habe, verlangen müssen. Leider ist es mir bisher nicht gelungen, den Zeitpunkt, wann und diejenige Europäische Nation, durch welche dies zuerst geschehen ist, zu eruiren; daß eine solche Einführung von Europa aus aber statt gefunden hat, kann nicht im mindesten zweifelhaft sein, wenn man neben mehreren bereits erwähnten die folgenden historischen Documente, welche wenigstens in so weit, als sie von Augenzeugen herrühren, garnicht beanstandet werden können, mit einander in Vergleich bringt: 1) Nach Barton (a. a. O., S. 251) erwähnt Penn, der Gründer Pennsylvaniens, in einem ausführlichen Briefe an seine Freunde vom Jahre 1683 der Biene nicht; er hätte aber ein so nützliches Insect in seinem Verzeichniß der in Pennsylvanien einheimischen Thiere gewiß nicht aufzuführen vergessen, wenn ihm ihr Vorkommen daselbst bekannt gewesen wäre. Auch die älteren Schwedischen Autoren über Pennsylvanien wissen Nichts von ihr. 2) Lawson (Voyage to Carolina. London 1704. 4°·) erwähnt ebenfalls der Biene unter den in Carolina einheimischen Thieren nicht. 3) Barton (a. a. O., S. 258) giebt an: „Die Honigbiene fand sich nicht in Kentucky, als wir zuerst mit dem Lande bekannt wurden. Aber um 1780 wurde von einem Obrist Herrod ein Bienenstock nach den Ohio-Fällen gebracht, seit welcher Zeit sich diese Insecten ausnehmend vermehrten. Noch vor nicht langer Zeit fand ein Jäger dreißig wilde Schwärme an einem Tage." 4) Derselbe (ebenda) berichtet ferner: „Honigbienen waren im Jenessie-District von New-York weder zur Zeit, wo er zuerst besucht wurde, noch eine beträchtliche Zeit später bekannt. Kürzlich (also gegen das Jahr 1793) wurden ein Paar Bienenstöcke eingeführt und diese werden sich unzweifelhaft bald in der Gegend ausbreiten." 5) D. B. Warden (A statistical, political and historical account of the United States of North-America. Edinburgh 1819. Vol. III., p. 139) führt nach Brabbury, dessen eigene Mittheilung mir nicht bekannt geworden ist, Folgendes an: »Before the year 1797 the honey bee was not found to the west to the Missisippi; they are now seen as high up as the Maha-nation on the Missouri, having proceeded westward 600 miles in fourteen years.« 6) Alexander v. Humboldt

(Essai politique sur le royaume de la Nouvelle Espagne.
Paris 1811. gr. 4°· Tome II., p. 455 f.): »Cette cire de
l'île de Cuba ne provient cependant qu'en petite partie des
Trigones sauvages, qui habitent les troncs du Cedrela
odorata; la majeure partie en est due à l'abeille originaire
du nord de l'Europe (Apis mellifica), dont la culture s'est
fort étendue depuis l'année 1772.« 7) Derselbe (Essai politique sur l'île de Cuba. Paris 1826. 8'°· Tome I., p. 259):
»Cette cire n'est pas le produit d'abeilles indigènes (Meli-
pones de M. Latreille), mais d'abeilles introduites d'Europe par la Floride. Ce commerce n'est devenu très im-
portant que depuis 1772.« 8) Nach Ramon de la Sagra
(Historia economico-politica y estadistica de la isla de
Cuba. Habana 1831. 4°· p. 80) erfolgte diese Einführung
nach Cuba von Florida aus im Jahre 1764. — In desselben Ver=
fassers größerem Werke: Historia fisica, politica y natural de
la isla de Cuba. (Paris 1842 — 56, fol.) II., 7. p. 327 wird
Apis mellifica als „in Cuba eingeführt" aufgezählt. 9) Nach
Olivier (Encyclopédie méthodique, Insectes I., p. 49)
berichtet Don Ulloa: „Auf der Insel Cuba haben sich die Bie=
nenstöcke der Europäischen Art in der Nähe der Havana während
des kurzen Zeitraums seit 1764 stark vermehrt. Vor dieser Zeit
gab es außer wilden und einer anderen Art angehörenden keine
Bienen auf dieser Insel. Die Familien, welche bis dahin in
Saint=Augustin auf Florida gewohnt hatten, brachten bei ihrer
Übersiedelung nach Cuba einige Bienenstöcke mit, welche sie nur
aus Neugierde in Guanavacoa und einigen anderen Orten aus=
setzten. Die Insecten vermehrten sich indessen dermaßen, daß sich
Schwärme bis in das Gebirge ausbreiteten; ihre Fruchtbarkeit
war so groß, daß ein Bienenstock monatlich einen bis zwei
Schwärme abgab, ohne daß man eine gleiche Sorgfalt wie in
Europa auf dieselben verwendete." 10) Moreau de Saint-
Méry (Description topographique, physique, civile, poli-
tique et historique de la partie française de l'isle Saint-
Domingue. Philadelphia 1798. 4°· Tome II., p. 112): »En

1781 M. le comte de la Croix, capitaine de vaisseaux, a transporté sur le vaisseau l'Annibal qu'il commandait, six ruches d'abeilles de la Martinique, qu'il envoya sur son habitation des Gonaïves. La plupart périrent, parceque cet officier fut obligé de les y abandonner à cause de son service; le reste se réfugia dans les montagnes voisines. Mais quelques habitans et notamment M. Pascal aîné de la Grande-Rivière des Gonaïves en ont recueilli de jeunes essaims qui prospèrent.«

Faſſen wir dieſe verſchiedenen Nachrichten kurz zuſammen, ſo erhalten wir als Reſultat, daß die Honigbiene an den verſchiedenſten Orten Nord-Amerika's, wo ſie heut zu Tage exiſtirt, vor nicht gar langer Zeit noch fehlte und daß ſie an einigen derſelben, wie z. B. in Neu-York und weſtlich vom Miſſiſippi erſt vor 70 oder ſelbſt 65 Jahren eingeführt worden iſt. Zugleich ergiebt ſich aber, daß ihre Verbreitung, hauptſächlich vom Südoſten Nord-Amerika's ausgehend, ſich progreſſiv nach Weſten und Norden, wenn auch nicht mit gleicher Schnelligkeit, fortſetzte; am früheſten, nämlich im Jahre 1763 finden wir die Biene in Weſt-Florida, im Jahre 1780 zuerſt in Kentucky, kurz vor 1793 zuerſt in Neu-York, ſeit 1797 weſtlich vom Miſſiſippi. (Im Engliſchen Nord-Amerika ſoll ſie nach Joſſelyn bereits im ſiebzehnten Jahrhundert exiſtirt haben und dahin von England aus eingeführt worden ſein.) Schon dieſes ihr erſt ſeit der neueren Zeit datirendes Auftreten und ihr allmähliches Ausgehen von einem oder einigen Punkten würde alle Zweifel über ihre Einführung aus einem anderen Lande heben müſſen und könnte anderweitig nur durch die Annahme einer neuerdings ſtatt gefundenen generatio aequivoca, welche auch wohl Dr. Belknap nicht zu ſupponiren gewagt haben würde, erklärt werden. Nebenbei beſitzen wir nun aber auch durch Bartram den ſicheren Nachweis, daß eine Einführung im Jahre 1763 durch die Engländer nach Penſacola in Weſt-Florida wirklich erfolgt ſei und für dieſe würde ſich wieder kein Grund anführen laſſen, wenn die Biene bereits als eingeboren in Nord-Amerika exiſtirt hätte. Von Florida iſt ſie, der

Ansicht von **Belknap** direct zuwider, nach **Don Ulloa** und **Ramon de la Sagra** im Jahre 1764 zuerst nach Cuba übergesiedelt worden, nach ersterem aber allerdings nicht von Pensacola, sondern von der an der Ostküste der Halbinsel liegenden Stadt San Augustino aus. Wenn sie hier, wie **Bartram** bezeugt, bereits seit dem Ende des siebzehnten Jahrhunderts existirt hat, so wäre sie vermutblich bereits durch die Spanier dahin eingeführt worden, welche jene Stadt bekanntlich schon im Jahre 1565 gründeten und Florida erst 1763 an die Engländer abtraten. Nach Mexico ist übrigens die Biene offenbar nicht über Florida und die Vereinigten Staaten gekommen, sondern ohne Zweifel ebenfalls schon in früherer Zeit durch die Spanier übergesiedelt worden, da sie nach **Clavigero's** Angabe, — welcher allerdings eine Notiz v. Humboldt's (Nouvelle Espagne II., p. 455), wonach das in Yucatan gewonnene Wachs einer einheimischen Art entstammt, zu widersprechen scheint — bereits zu seiner Zeit daselbst existirte. Mit einer solchen, von Seiten der Engländer festgestellten, von Seiten der Spanier aber mindestens sehr wahrscheinlichen Einführung würde nun aber, was wir schließlich noch zu erwähnen haben, übereinstimmen, daß in der Heimath dieser beiden Nationen die einfarbig dunkele Form der Honigbiene, welche wir in Amerika antreffen, gleichfalls die ausschließlich vorkommende ist: während der Annahme einer ursprünglichen Verbreitung der Art über Nord-Amerika schon die Erfahrung widerspricht, daß durch ganz Asien, welches doch das Verbindungsglied abgeben müßte, gerade die am meisten abweichende, sehr hellgefärbte Form verbreitet ist.

Nachdem wir so die Einführung der Honigbiene aus Europa nach Nord- und Mittel-Amerika sicher festgestellt zu haben glauben, wollen wir noch einige Blicke auf ihre gegenwärtige Verbreitung und auf ihr ungemein günstiges Gedeihen in diesem Welttheil werfen. Letzteres tritt am eclatantesten in Cuba hervor, wo die Bienenzucht und mit ihr die Wachsproduction erst seit dem Jahre 1772 einen besonderen Aufschwung genommen haben. (*) Wie sehr sich dieselbe im Verlauf von 70 Jahren gesteigert hat, erhellt aus folgenden Zahlenangaben: Nach Alexander v. Humboldt (Essai politique sur l'île de Cuba I., p. 259) betrug die Ausfuhr von Wachs zwischen 1774 und 1779 im Mittel nur 2700 arrobas (gleich 81,000 Pfund), im Jahre 1803 dagegen schon 42,700 arrobas (gleich 1,281,000 Pfund). In Ramon de la Sagra's Historia fisica etc. de la isla de Cuba I. (Paris 1842), p. 283 und 299 finden wir als Durchschnittssumme für die dreißiger Jahre dieses Jahrhunderts 69,476 arrobas Wachs (gleich 2,084,280 Pfund) und 84,044 arrobas Honig (gleich 2,521,320 Pfund) angegeben und vermuthlich hat sich dieselbe in den letzten zwanzig Jahren abermals erheblich gesteigert. — Die Verbreitung der Honigbiene im übrigen Amerika südlich von Mexico und den Antillen betreffend, so hat mir die Durchsicht der neueren Reise-Literatur bisher wenig Positives geliefert. Daß sie bereits in Honduras einheimisch ist, wie E. G. Squier (Notes on Central-America, particularly the states of Honduras and San Salvador. New York 1855, 8vo., p. 199) angiebt, kann in Betracht ihres längeren Bestehens in dem angränzenden Mexico nicht auffallend erscheinen. Eine weitere Verbreitung nach Süden von diesem Lande aus scheint sie aber noch nicht gefunden zu haben, da selbst ihres Vorkommens in der sich zunächst anschließenden Republik Costa Rica von Moritz Wagner und Carl Scherzer (Die Republik Costa Rica im Central-Amerika. Leipzig 1856, 8vo.) mit keinem Worte erwähnt wird und ich kaum annehmen kann, daß ein der Insecten so kundiger Reisender, wie Moritz Wagner, sie, falls er sie bemerkt, unerwähnt gelassen hätte. Ebenso fehlte sie

---

*) Auch dieses Factum kann als ein sicherer Beweis dafür gelten, daß die Honigbiene nicht, wie Belknap will, auf den Antillen eingeboren, sondern dorthin importirt worden ist. Die bedeutende Wachsausfuhr begann auf Cuba erst einige Jahre nach Einführung der Apis mellifica (1764), während doch verschiedene ursprünglich einheimische Meliponen und Trigonen daselbst bestanden, ohne daß man diese auszubeuten versucht hätte.

bisher nach mündlicher Mittheilung von Prof. Karsten in den von demselben mehrere Jahre lang durchforschten Ländern an der Nordküste Süd-Amerika's, in Neu-Granada und Venezuela, von wo sie übrigens auch der dort lange ansässig gewesene Entomolog Moritz bisher nicht eingesandt hat. Daß nach Reinhardt eine Übersiedelung der Biene nach Brasilien (Minas Geraës) von Portugal aus erst im Jahre 1845 statt gefunden habe, so wie daß ihre Vermehrung daselbst eine ganz außerordentliche sei, hat bereits Brun (Bienenzeitung 1858, S. 43) mitgetheilt; letzteres bestätigt auch wenigstens indirect der Ausspruch Burmeister's (Reise nach Brasilien. Berlin 1853, 8vo, S. 220): „Da in den meisten Gegenden Brasiliens die zahme Honigbiene gehalten wird und es auch sonst an Zuckerstoff nicht fehlt, so pflegt man den Honig wilder Bienen nur bei besonderer Liebhaberei nachzustellen; ich habe nie gehört, daß der Honig der Trigona Amalthea benutzt werde." Auf dieses Vorkommen der Biene im südlichen Brasilien scheint sich überhaupt ihre gegenwärtige Verbreitung in Süd-Amerika zu beschränken; mindestens können wir ihre Anwesenheit in den La Plata-Staaten und in Chile mit ziemlicher Sicherheit verneinen. Über letzteres Land besitzen wir durch Claudio Gay eine reichhaltige Entomologische Fauna (Historia fisica y politica de Chile. Paris 1844—54. Zoologia, Tom. III — VII.), in welcher der Bearbeiter der Hymenopteren, Spinola der Honigbiene nicht erwähnt: und die La Plata-Staaten sind erst kürzlich in weiter Ausdehnung von einem der größten Entomologen unserer Zeit, von Burmeister, gerade in Bezug auf Insecten so gründlich durchforscht worden, daß wir aus seiner Reisebeschreibung (Reise durch die La Plata-Staaten. Halle 1861, 2 Bde., 8vo), in welcher unserer Biene gleichfalls nirgends gedacht wird, mit Bestimmtheit auf ihre Abwesenheit daselbst zu schließen berechtigt sind. Überdem habe ich selbst Burmeister's von dort herstammende Entomologische Ausbeute genau durchmustert, ohne unser weitverbreitetes Insect darin anzutreffen.

Schließlich hätten wir, um unser Bild von der geographischen Verbreitung der Honigbiene zu vervollständigen, in Betreff des

Festlandes von Australien noch zu erwähnen, daß dieselbe hierhin noch nicht übertragen zu sein scheint; wenigstens habe ich weder in älteren Schriften noch in einer kürzlich erschienenen von Fr. Obernheimer (Das Festland Australien. Geographische, naturwissenschaftliche und culturgeschichtliche Skizzen. Wiesbaden 1861. 8$^{vo.}$), welche gerade die landwirthschaftlichen Verhältnisse des am meisten cultivirten südöstlichen Neuhollands eingehend behandelt, nichts über ihre Existenz daselbst auffinden können. Überhaupt scheint Australien, wie nebenher bemerkt sein mag, an honigerzeugenden Bienen ganz besonders arm zu sein, da man bisher nicht einmal eine Bombus=Art von dorther kennen gelernt hat; nur eine sehr kleine Trigona=Art ist neuerdings durch Smith (Catalogue of Hymenopterous Insects in the collection of the British Museum II., p. 414) bekannt gemacht worden.

Wenn man die Resultate unserer Untersuchung über die Verbreitung der Honigbiene mit den Ansichten, welche die bisherigen Autoren über dieselbe hegten, in Vergleich bringt, so stellt sich zwischen beiden eine sehr wesentliche Abweichung heraus; während Latreille, Lepeletier und auch neuerdings noch Brun (a. a. O.) ihre Ausdehnung nur auf Europa und Amerika beschränken, haben wir dieselbe zugleich für den größten Theil Asiens und ganz Afrika geltend gemacht. Dieser Unterschied basirt, wie bereits beiläufig erwähnt wurde, darauf, daß Latreille sowohl als die ihm nachschreibenden späteren Autoren die in Afrika und Asien auftretenden Formen der Biene, welche sich theils durch etwas geringere Größe, theils durch lichtere Körperfärbung und Behaarung von der Nord=Europäischen unterscheiden, gerade wie es früher auch mit der Italienischen Biene geschah, als besondere, specifisch verschiedene Arten ansahen. Eine solche Ansicht, welche ihrer Zeit vielleicht einige Berechtigung hatte, kann indessen heut zu Tage nicht mehr aufrecht erhalten werden. Wir haben nämlich seitdem auf empirischem Wege erfahren, daß die Italienische Biene sich fruchtbar mit der Nordischen vermischt und daß aus dieser Ver=

mischung weitere Generationen hervorgehen; wir sind mithin belehrt worden, daß es sich bei der Italienischen Biene nicht um eine besondere Art, sondern einfach um eine nur durch die Färbung abweichende Varietät handelt. Ein gleicher, durch directe Beobachtung gestützter Nachweis für die Art=Identität z. B. zwischen der Nord=Europäischen und der Afrikanischen Biene liegt nun allerdings bisher nicht vor, wenn auch bereits das Vorkommen von Mischlingen am Cap, welche gerade auf eine Vermischung dieser beiden Formen sehr entschieden hinweisen, jene Identität fast außer Zweifel setzen würde: indessen einer solchen demonstratio ad oculos bedürfen wir gar nicht mehr, da wir durch die Erfahrung über die Italienische Biene vollständig zu dem Schlusse berechtigt sind, daß dieselbe sich mit der Afrikanischen Form, die ihr sehr viel näher als die Nord=Europäische steht, auch um so viel eher begatten würde, womit dann natürlich nicht nur die Art=Identität der Italienischen mit der Afrikanischen, sondern auch beider mit der Nordischen Biene dargethan wäre. Außerdem finden wir aber bei einem Vergleich der von Latreille für seine vermeintlichen Bienen=Arten aufgestellten Charactere, daß dieselben erstens als ausschließliche Färbungs=Unterschiede von gar keiner specifischen Bedeutung, zweitens aber, wie dies die Betrachtung zahlreicher Exemplare verschiedener oder selbst der nämlichen Localitäten an die Hand giebt, nicht im Entferntesten constant sind; ganz besonders gilt dies von der Färbung des Schildchens, auf welche Latreille sogar zwei Gruppen von Arten basirte, während sie oft schon an drei von demselben Orte herrührenden Individuen, die sonst übereinstimmen, ebenso viele Abstufungen von Hell zu Dunkel erkennen läßt. Ich glaube diese Unbeständigkeit in der Färbung der verschiedenen Latreille'schen Bienen, welche demnach nur als Varietäten oder, wenn man will, als Racen bezeichnet werden dürfen, am besten durch eine kurze Charakteristik der mir aus den verschiedensten Weltgegenden vorliegenden Exemplare anschaulich machen zu können; indem ich hierbei stets die von einer und derselben Localität stammenden Exemplare zusammenfasse, wird sich nicht nur für alle die Identität der Art herausstellen, sondern es wird sich zugleich die Vertheilung der einzelnen Färbungs-Varietäten, so weit dieselbe nicht bereits durch Vermischung mehrerer verwischt ist, leicht übersehen lassen.

1) **Norddeutschland** (Berlin, Neustadt-Eberswalde, Harz, Erzgebirge). Zahlreiche Exemplare: Königinnen, Drohnen, Arbeiter.
   a) Einfarbig dunkele, nordische Biene. Ich sah sie auf dem Kamm des Erzgebirges, 2800' hoch, spärlich; in großer Menge dagegen auf der Spitze des Brockens, 3500', im August 1856.
   b) 1 Ex. Arbeiter, bei Berlin von Klug bereits zu Anfang dieses Jahrhunderts gefangen, hat auf dem zweiten Hinterleibs-Segmente eine durchgehende rothgelbe Basalbinde von ½ seiner Länge.
   c) Italienische Biene, aus neuester Zeit (importirt).
   d) Mischlinge der nordischen und Italienischen Biene, aus neuester Zeit.
2) **Südfrankreich.** 3 Ex. Arbeiter.
   a) 2 Ex. Einfarbige, nordische Biene.
   b) 1 Ex. aus früherer Zeit (Anfang des Jahrhunderts) datirend; Italienische Biene mit rothbraunem Schildchen.
) **Andalusien** (Staudinger, Waltl). 6 Ex. Arbeiter.
   a) 5 Ex. Einfarbige, nordische Biene.
   b) 1 Ex. Dichter gelblich behaart als die nordische; ein sehr kleiner rothgelber Punkt jederseits an der Basis des zweiten Hinterleibs-Segments.
Portugal (Graf Hoffmannsegg). 3 Ex. Arbeiter, 1 Drohne.
   a) 2 Ex. Einfarbige, nordische Biene.
   b) 1 Ex. Ein schmaler gelber Querfleck jederseits an der Basis des zweiten Hinterleibs-Segments, Schildchen mit gelbrother Spitze.
Ligurien (Spinola). 5 Ex. Drohnen und Arbeiter.
   Italienische Biene (Typen der Apis ligustica Spin.).
Sicilien (Schulz). 1 Ex. Arbeiter.
   Italienische Biene mit fast ganz rothgelbem Schildchen.
Zeltlin (Italienische Schweiz). 1 Ex. (*) v. J. 1858.
   Italienische Biene.

Wenn nichts Näheres angegeben ist, werden im Folgenden stets Arbeiter beschrieben.

8) **Botzen in Tyrol** (Kahr). 2 Ex. v. J. 1861.
   Etwas kleiner als die nordische Biene; erster Hinterleibsring oben, zweiter bis auf $\frac{1}{2}$ seiner Länge rothgelb, Schildchen schwarz. (Nach brieflicher Mittheilung des Herrn Sartori an Herrn Obrist-Lieutenant v. Webell kennt man bei Trient ausschließlich die Italienische Biene, während bei Botzen bereits die Deutsche aufzutreten beginnt.)

9) **Dalmatien** (Ehrenberg, Stein). 4 Ex.
   a) 3 Ex. von Spalato v. J. 1858. Einfarbige, nordische Biene.
   b) 1 Ex. aus früherer Zeit. Etwas kleiner und schlanker als die Deutsche, dichter gelb behaart; erster Hinterleibsring oben, zweiter zu $\frac{2}{3}$ und Mitte des Schildchens rothgelb.

10) **Mehadia im Bannat** (Stein). 1 Ex.
    Genau wie Ex. b aus Dalmatien.

11) **Rußland** (Pallas). 1 Ex.
    Einfarbig nordische Biene; von Pallas als Apis cerifera Pall. eingesandt.

12) **Griechenland** (Krüper). 1 Ex.
    Kaum merklich kleiner als die nordische Biene; zweites Hinterleibs-Segment jederseits an der Basis mit kleinem rothgelbem Punkt. (Übereinstimmend beschreibt Brullé die Griechische Biene in der Expédition scientifique de Morée.)

13) **Krim** (v. Nordmann). 16 Ex.
    a) 5 Ex. Einfarbige, nordische Biene.
    b) 5 Ex. ebenso; aber das zweite Hinterleibs-Segment jederseits an der Basis mit kleinem gelbem Punkt.
    c) 1 Ex. Der gelbe Punkt jederseits zu einem Querfleck ausgedehnt.
    d) 4 Ex. Anstatt der Querflecke eine durchgehende rothgelbe Binde auf dem zweiten Segment, welche progressiv $\frac{1}{5}$, $\frac{1}{3}$ und $\frac{1}{2}$ desselben einnimmt.
    e) 1 Ex. Erstes Segment oberhalb, zweites bis auf $\frac{2}{3}$ seiner Länge rothgelb; Schildchen in der Mitte röthlich.

14) **Rhodus** (Loew). 8 Ex.
    a) 1 Ex. mit rothgelbem Querfleck jederseits an der Basis des zweiten Segments, Schildchen ganz schwarz.
    b) 1 Ex. ebenso, aber das Schildchen mit rother Spitze.
    c) 1 Ex. mit rothgelber Querbinde des zweiten Segments von $\frac{1}{3}$ der Länge desselben; Schildchen mit rother Spitze.

d) 5 Ex. mit rothgelber Querbinde des zweiten Segments von ⅓—⅔ seiner Länge; erstes Segment oberhalb gleichfalls, Schildchen zum größeren Theil oder ganz gelbroth.

Alle acht Exemplare so groß wie die nordische Biene, aber dichter und intensiver gelb behaart.

15) **Ephesus** (Loew). 1 Ex.
Wie die nordische Biene, aber dichter und fahler greisgelb behaart.

16) **Brussa** (Thirk). 2 Ex.
a) 1 Ex. Größe der nordischen Biene, ebenso gefärbt und behaart, nur mit gelbem Punkt jederseits am zweiten Hinterleibs-Segment.
b) 1 Ex. Größe etwas geringer als bei der nordischen Biene; erstes Hinterleibs-Segment bis auf den Rand, zweites auf ⅔ seiner Länge und das ganze Schildchen rothgelb.

17) **Caucasus** (Pallas). 1 Ex.
Färbung wie bei Ex. b von Brussa, Größe etwas bedeutender. (Pallas sandte dies Exemplar als **Ap. remipes Pall.** ein.)

18) **Ägypten** (Ehrenberg). 5 Ex.
Merklich kleiner und schlanker als die nordische Biene; sowohl die Pelz- als Tomentbekleidung weißlich, auf dem Thorax zuweilen gelblich, auf dem Scheitel nur beiderseits rauchbraun, in der Mitte weißlich. Spitze der Mandibeln und Stirnhöcker rostroth; erstes und zweites Hinterleibs-Segment bis auf den Saum, drittes bis zur Hälfte, Schildchen fast ganz rothgelb. (**Ap. fasciata Latr.**)

19) **Arabia felix** (Ehrenberg). 1 Ex.
Mit der Ägyptischen Biene übereinstimmend.

20) **Syrien** (Ehrenberg). 5 Ex.
Fast mit der Ägyptischen Biene identisch, aber der Thorax allgemein gelblich behaart, die gelbe Binde des zweiten Hinterleibs-Segments zwischen ½ und ⅓ der Länge schwankend; Größe ein wenig bedeutender.

21) **Himalaya** (Hoffmeister). 1 Ex.
Größe und Färbung der Syrischen Exemplare, nur das Schildchen bis auf die gelbe Spitze bräunlich.

22) **China** (Colomb). 1 Ex.
Größe und Färbung der Ägyptischen Biene, nur der Scheitel ganz rauchbraun behaart. (**Ap. cerana Fab.**)

23) **Senegambien** (Mion). 1 Ex.
Größe und Färbung der Ägyptischen Biene, die Behaarung aber
mehr graugelb. (Ap. Adansonii Latr.)
24) **Guinea** (Jsert). 2 Ex.
a) 1 Ex. Größe zwischen der nordischen und der Ägyptischen Biene die
Mitte haltend; Spitze der Mandibeln und die Stirnhöcker rostroth,
Schildchen fast ganz gelblichbraun, erstes Hinterleibs-Segm. ober=
halb, zweites bis zur Hälfte gelbroth. (Ap. nigritarum Lepel.)
b) 1 Ex. Größe ebenso; Färbung gleichmäßig lichtbraun.
25) **Cap der guten Hoffnung** (Krebs). 10 Ex.
Alle Exemplare etwas geringer an Größe als die nordische Biene.
a) 4 Ex. Schwarzbraun, nur ein schmaler Basalsaum des zweiten
Hinterleibs-Segments rothgelb; Schildchen schwarz.
b) 1 Ex. Ebenso, aber der gelbe Saum des zweiten Segments
beiderseits fleckenartig erweitert.
c) 2 Ex. Ebenso, aber das zweite Segment fast zur Hälfte roth=
gelb; Schildchen bei einem Ex. braunrötblich. (Ap. caffra Lepel.)
d) 2 Ex. Erstes Segment bis auf den Saum, zweites zu ⅔, drittes
fast zu ½ gelbroth; Schildchen auf der ganzen Mitte röthlich.
e) 1 Ex. Ebenso, aber das Schildchen ganz rothgelb.
26) **Port Natal im Caffernlande** (Wahlberg). 1 Ex.
Ganz wie Ex. c vom Cap.
27) **Mossambique** (Peters). 4 Ex.
Ganz wie Ex. c vom Cap.
28) **Insel Mauritius** (Deyrolle). 1 Ex.
Größe wie bei den Capensern; Färbung ganz dunkel, auf dem
Hinterleib sogar fast ganz schwarz, Behaarung sparsam.
29) **Pennsylvanien** (Zimmermann, Sommer). 4 Ex. Arbeiter,
1 Drohne.
Arbeiter ein wenig schlanker als die nordische Biene, wie diese
gefärbt und behaart, nur am zweiten Hinterleibs-Segment mit
schmalem rothgelbem Basalsaum. Drohnen gewöhnlich.
30) **Mexico** (Deppe). 4 Ex. Arbeiter, 1 Drohne.
Ganz und gar die nordische Biene.
31) **Cuba** (Riehl). 1 Ex. Arbeiter, 1 Drohne.
Wie Mexico.
32) **Portorico** (Moritz). 1 Ex. Arbeiter.
Wie Mexico.

Von den hier nebst ihren Insassen erwähnten Localitäten sind für die Unbeständigkeit der Färbung und mithin für eine wahrscheinliche Vermischung verschiedener ursprünglicher Färbungs-Varietäten am meisten überzeugend die Nr. 13, 14 und 25, welche gleichzeitig den striktesten Beweis dafür liefern, daß auf die von Latreille betonte Färbung des Schildchens nicht das mindeste Gewicht zu legen sei. Ein ausgedehnterer Vergleich der unter den verschiedenen Nummern charakterisirten Formen ergiebt aber neben einem hohen Grad von Wandelbarkeit in der Färbung zugleich ein derartiges Übergehen der einen in die andere, daß man nicht einmal im Stande ist, nach diesem Merkmal sowohl als nach der Größe, der Art der Behaarung u. s. w. bestimmte Varietäten abzugränzen; alle etwaigen Versuche, eine nordische, eine Italienische, eine Ägyptische, Afrikanische oder dgl. Race zu fixiren, werden sogleich durch einzelne Exemplare, die den Übergang von der einen zur anderen vermitteln und ihre Unterbringung zweifelhaft machen, vereitelt werden. Mit demselben Rechte, mit welchem Latreille und Lepeletier zusammen 8 Arten aus der Honigbiene machten, könnte man nach dem vorliegenden Material, wenn man alle geringen Färbungs- und Größen-Abweichungen berücksichtigen wollte, deren gegenwärtig 20 — 30 aufstellen. Es würde nun aber nicht ohne Interesse sein, eine Übersicht über die Verbreitung der sich am meisten markirenden Varietäten der Honigbiene zu gewinnen und diese würde nur dadurch zu bewerkstelligen sein, daß wir die Zahl derselben möglichst reduciren, indem wir solche Formen, die den Übergang von einer Varietät zur anderen vermitteln, da unterbringen, wo sie eben noch am meisten hinpassen. In dieser Weise aufgefaßt, würden sich sechs Hauptvarietäten und für diese sich folgende geographische Verbreitung herausstellen:

1) Die einfarbig dunkele nordische Biene (mit Inbegriff der ihr zunächst stehenden leichteren Abänderungen) findet sich außer in Nord-Europa, wo sie bekanntlich allgemein verbreitet ist und bis auf die neueste Zeit ausschließlich vorkam, in Südfrankreich, Portugal, Südspanien und Algier, ferner

in einigen Gegenden Italiens, in Dalmatien, Griechenland, der Krim und auf den Inseln, so wie auf dem Festlande der Küste Klein=Asiens; endlich in Guinea und am Cap der guten Hoffnung, wohin sie wahrscheinlich, so wie in einem großen Theile Amerika's, wohin sie notorisch übergesiedelt worden ist.

2) Die Italienische Biene (mit schwarzem Schildchen) findet sich außer in denjenigen Theilen des nördlichen Europa, wohin sie erst in neuester Zeit gebracht worden ist, fast ausschließlich in verschiedenen Gegenden Italiens, besonders in dessen nördlicheren Districten mit Einschluß von Tyrol und der Italienischen Schweiz.

3) Eine sich von der Italienischen Biene durch gelbes Schildchen unterscheidende Varietät kommt in Südfrankreich, auf Sicilien, in Dalmatien, im Bannat, auf der Krim, auf den Inseln und dem Festlande Klein=Asiens so wie im Caucasus vor.

4) Die Ägyptische Biene verbreitet sich von Ägypten aus über Syrien und Arabien und geht durch eine im Himalaya und in China vorkommende leichtere Abänderung unmerklich in:

5) Die specifisch Afrikanische Biene über, welche mit Ausnahme Algiers und Ägyptens über ganz Afrika von Abyssinien und Senegambien bis zum Cap ausgedehnt ist.

6) Die auffallend schwarze Madagascaresische Biene beschränkt sich auf Madagascar und Mauritius.

Die Ausdehnung, welche die vorstehende Untersuchung erhalten hat, läßt mich fast fürchten das übliche Maaß einer Gelegenheitsschrift überschritten, und die Geduld meiner Leser bereits auf die Probe gestellt zu haben; da indessen die uns beschäftigende Frage noch soviel des Zweifelhaften darbot, ja selbst durch verschiedene irrige Ansichten getrübt war, so schien es mir im Interesse der Sache selbst geboten, sie in ausführlicherer Weise, als es bisher geschehen, und unter Heranziehung der wichtigsten

Quellen zu behandeln, um sie wenigstens bis auf einen gewissen Grad zum Abschluß zu bringen. Um so kürzer will ich mich in Betreff des zweiten Theiles meiner Aufgabe, die übrigen von Apis mellifica specifisch verschiedenen Honigbienen der alten Welt zu erörtern, fassen, obwohl auch dieses Thema in Rücksicht auf die Verwirrung, welche in Betreff der zoologischen Feststellung jener Arten bisher herrscht, nicht minder als wegen des Interesses, welches die Kenntniß desselben dem Bienenzüchter gewähren dürfte, sehr wohl einer ausführlicheren Behandlung werth wäre.

Was mich bestimmt, die Aufmerksamkeit meiner Leser auf die ausländischen Honigbienen der alten Welt hinzulenken, ist der Umstand, daß diese sich meiner Ansicht nach vorzugsweise, ja ich möchte sagen, fast allein in Bezug auf praktische Bienenzucht und Acclimatisation einer näheren Berücksichtigung empfehlen. Die sehr zahlreichen, sich etwa auf 130 verschiedene Arten belaufenden Honigbienen Amerika's entfernen sich sowohl durch ihre zoologischen Merkmale als auch durch ihre Lebensweise in weit höherem Grade von unserer Apis mellifica, als dies bei den Arten Ostindiens und der benachbarten Insel-Gruppen der Fall ist. Daher hat sie auch bereits Latreille, der ihre in mehrfacher Beziehung ausgesprochene Verwandtschaft mit den Hummeln (Bombus) erkannte, aus der Linné'schen Gattung Apis entfernt und sie zwei besonderen Gattungen: Melipona und Trigona zugewiesen. Sind dieselben nun, wie aus mehreren bereits mitgetheilten Angaben hervorgeht, in früherer Zeit gleichwohl allgemein in Amerika ihrer Producte halber ein Gegenstand der Speculation gewesen, so lehrt doch andererseits die Erfahrung, daß sie überall, wo die Europäische Honigbiene importirt worden ist, dieser in dem Maaße gewichen sind, daß sie neben ihr kaum mehr beachtet und ausgebeutet werden. Sie also nach Europa, wo wir eine sehr viel größere und jene an Wachs- und Honig-Production notorisch überwiegende einheimische Art besitzen, einzuführen, wäre, wenn auch in wissenschaftlicher Hinsicht immerhin interessant, in praktischer doch verfehlt. Die Mehrzahl der Amerikanischen Honigbienen überragt nämlich an Größe kaum unsere Stubenfliege und keine derselben kommt unserer Apis mellifica gleich, wenn auch einige nicht weit hinter derselben zurückstehen; das Wachs derselben ist aber nach A. v. Humboldt's Angabe (Essai politique sur le royaume de la Nouvelle Espagne II., p. 455: »Il est certain que la cire des apiaires Américaines est plus difficile à blanchir que la cire des abeilles domestiques de l'Europe«) sehr viel schwieriger zu bleichen als das unserer Hausbiene. — Ganz anders verhält es sich dagegen mit den Süd=Asiatischen Bienen=Arten, welche zunächst nach allen ihren Charakteren unserer Apis mellifica ganz nahe stehen und daher auch bis heut zu Tage in derselben Gattung (Apis Lin.) mit ihr belassen worden sind. Über ihre Honig= und Wachs=Production liegen allerdings genauere Beobachtungen, und besonders im Vergleich mit der Europäischen Art, bisher nicht vor; indessen schon der Umstand, daß man letztere bisher nicht in Ostindien eingeführt hat, möchte für die Güte der daselbst einheimischen Arten, unter denen sich eine überdem durch ihre Größe und Schönheit besonders auszeichnet, sprechen und somit den Wunsch, sie bei uns einzuführen, erwecken.

Leider sind unsere Kenntnisse über die Honigbienen des südlichen Asiens bisjetzt im höchsten Grade mangel- und lückenhaft; nur von einer derselben kennen wir die Drohnen und die Waben, von keiner einzigen die Königin. Dagegen liegt von allen eine genügende Anzahl von Arbeiter=Exemplaren vor, um darnach die Arten selbst, deren Bestimmung bisher eine sehr ungenügende war, mit Sicherheit festzustellen. Wie bei der Europäischen Biene hat man nämlich auch bei den Ostindischen bisher ein allzugroßes Gewicht auf Abweichungen in der Farbe des Körpers sowohl als der Behaarung gelegt und dadurch die Zahl der Arten in irreführender Weise vermehrt; anstatt der dreizehn von Fabricius, Latreille, Klug, Guérin und Smith aufgestellten Arten existiren in der That bisjetzt nur drei, welche freilich nicht nur in der Färbung, sondern auch in Körperform und Größe sehr auffallende Unterschiede, sowohl untereinander als von unsrer heimischen Biene, zeigen und von denen sich eine sogar durch so auffallende plastische Merkmale hervorthut, daß man für dieselbe eine besondere Gruppe innerhalb der Gattung Apis errichten kann. Indem wir dies thun, erhalten wir folgende Übersicht der Arten:

Erste Gruppe: Scheitel durch die großen Netzaugen deutlich verengt, so daß die hinteren Ocellen durch einen kleineren Abstand von jenen als untereinander getrennt sind. Hinterleib auffallend langgestreckt, oberhalb etwas abgeflacht; Metatarsus der Hinterbeine an der Innenseite mit dreizehn Querreihen von Borsten. In den Vorderflügeln mündet der Nervus recurrens sehr nahe an der Spitze in die dritte Cubitalzelle.

Hierher gehört Apis dorsata Fab. (nigripennis Latr.) mit ihren beiden Farben-Varietäten: Apis zonata Guér. und Apis zonata Smith.

Zweite Gruppe: Scheitel nicht merklich verengt, so daß der Abstand der hinteren Ocellen von einander nicht größer ist, als der von den Netzaugen. Hinterleib eiförmig, oberhalb gewölbt; Metatarsus der Hinterbeine an der Innenseite mit neun Querreihen von Borsten. Der Nervus recurrens mündet entfernt von der Spitze in die dritte Cubitalzelle.

Hierher gehören außer Apis mellifica die beiden kleineren Ostindischen Arten: 1) Apis Indica Fab. (socialis Latr.) mit ihren Varietäten Apis Peronii Latr., Ap. Perrottetii Guér. und Ap. nigrocincta Smith. 2) Apis florea Fab. (Indica Latr.) mit ihrer Drohne Ap. lobata Smith.

Die erste der drei Ostindischen Arten, welche nach dem Gesetze der Priorität Apis dorsata Fab. heißen muß, ist auch abgesehen von ihren bereits angegebenen Merkmalen schon durch ihre Größe bemerkenswerth, welche bei getrockneten Exemplaren noch $7\frac{1}{4}$ bis $8\frac{1}{2}$ Lin. mißt, also im Durchschnitt diejenige der Europäischen Biene um mehr als die Hälfte übertrifft. Frisch entwickelte Exemplare dieser Art, wie sie mir aus Luzon durch Herrn Jagor vorliegen, sind am ganzen Körper mit Einschluß der Beine licht pechbraun gefärbt und ihre Behaarung überall bräunlich-greis; die Flügel glasartig, mit deutlich graubraunem Ton. Vollständig ausgefärbt zeigt die Art dagegen folgendes

Colorit: Der mit Einschluß der Fühler glänzend pechschwarze Kopf ist besonders auf dem Scheitel mit langer und aufgerichteter, tief schwarzbrauner Behaarung bekleidet, der Saum der Oberlippe und Mandibeln schimmert rothbraun durch, während die beiden Stirnhöcker und die Spitze des Fühlerschaftes hell rostroth gefärbt sind. Die Ocellen sind auffallend groß. Der Thorax ist oberhalb bis zum Schildchen und an den Brustseiten schwarzbraun, am Schildchen und Hinterrücken dagegen fahlgelb behaart. Die Vorderflügel sind längs des Außenrandes sehr intensiv, über die ganze Scheibe hin wenigstens deutlich, wenn auch verwaschener gebräunt. Die pechschwarzen Beine sind mit gleichgefärbten Wimperhaaren besetzt; die Bürste auf der Innenseite der Hintertarsen ist zimmetroth. Nach der Färbung des Hinterleibes lassen sich drei Varietäten unterscheiden:

a) Der Hinterleib ist auf seiner ganzen Oberseite durch dicht anliegende, filzartige Behaarung einfarbig gelb, höchstens gegen die Spitze hin etwas düsterer, mehr grau. Unterseite pechbraun, gegen die Basis hin rostgelb. — Diese auf Java einheimische Varietät wurde von Fabricius schon im Jahre 1793 (Entomol. syst. II., p. 328, No. 64) als Apis dorsata, später (1804) von Latreille (Annales du Muséum d'hist. nat. V., p. 170, No. 4) als Apis nigripennis beschrieben.

b) Der Hinterleib ist entweder nur auf der Rückenseite der beiden ersten Segmente gelb, auf den übrigen aber entweder schwärzlichbraun oder fast schwarz befilzt; oder es ist noch die Mitte des dritten Segmentes gelblich und dann zugleich die Basis dieses und des folgenden mit einer weißbestäubten Querbinde geziert. — Auf diese schon von Latreille (a. a. O. Taf. 13, Fig. 7) abgebildete Varietät hat Klug (der Gesellsch. naturf. Freunde Magazin I., S. 264) seine Apis bicolor und Guérin (in Bélanger: Voyage aux Indes orientales, Insectes p. 504) seine Apis zonata begründet. Sie kommt neben der vorhergehenden auf Java, außerdem auch auf Ceylon (Nietner) vor.

c) Der Hinterleib ist nur auf der Vorderseite des ersten Segmentes gelb befilzt, im Übrigen tief schwarz mit weißbestäubten Basalbinden am dritten bis fünften Segmente, welche auch auf die Bauchseite übergehen. Die mir von Celebes vorliegenden Exemplare dieser Varietät sind die größten, andere von Luzon die kleinsten von allen. Smith beschrieb erstere (Journal of the proceedings of the Linnean society of London III., 1859, p. 8) sehr unkenntlich unter dem bereits vergebenen Namen Apis zonata. Offenbar ist es diese Art, über welche R. Knox in seinem Werke über Ceylon (Französische Übersetzung, Amsterdam 1693, 8vo., I. S. 62) sagt: „Die zweite Art von Honigbienen wird Bamburos genannt; dieselben sind größer und von viel lebhafterer Färbung als unsere einheimischen. Ihr Honig ist klar wie Wasser; sie legen ihre Bauten auf den höchsten Ästen der Bäume an und geben sich keine Mühe, dieselben zu verbergen. Zu einer bestimmten Zeit des Jahres gehen ganze Dörfer aus, ihren Honig zu sammeln." — Daß die bis jetzt unbekannte Königin und Drohne dieser Art sehr auffallend gebildet sein werden, läßt sich schon aus der eine Deutsche Bienenkönigin an Größe wesentlich übertreffenden Arbeitsbiene schließen; von letzterer darf man nach der reichlicheren Beborstung ihrer Hintertarsen mit Sicherheit annehmen, daß sie beträchlich mehr als die Europäische Biene eintrage.

Die zweite Ostindische Art, Apis Indica Fab., gleicht sowohl in Gestalt als Färbung am meisten unserer Europäischen, nur daß sie constant fast um die Hälfte kleiner ist als diese; getrocknete Exemplare derselben messen nur $4\frac{1}{2}$ Linien. Gleich der Apis mellifica geht sie auch sehr verschiedene Färbungen ein, welche aber nicht nur das Schildchen und den Hinterleib betreffen, sondern sich z. B. auch auf das Kopfschild und den Fühlerschaft erstrecken; selbst die Flügel, welche bald fast ganz durchsichtig, bald deutlich gelb getrübt sind, erleiden in dieser Beziehung Schwankungen. Legen wir wieder die Färbung des Hinterleibes zu Grunde, so können wir auch hier drei Hauptvarietäten unterscheiden:

a) Der Hinterleib ist entweder bis auf die beiden pechbraun gefärbten letzten Segmente licht rostroth oder es zeigen zu-

gleich das britt- und viertletzte Segment einen, wenngleich
leichten bräunlichen Anflug an ihrer Basis. Das Schildchen ist stets hell rothgelb, die Behaarung des Kopfes und
Thorax greisgelb. Das Kopfschild und der Fühlerschaft
sind selten ganz pechbraun, ersteres meist auf der unteren
Hälfte, letzterer gewöhnlich in der Mitte röthlich. — Diese
hellste der Varietäten scheint hauptsächlich auf dem Festlande
Vorder-Indiens einheimisch zu sein; sie wurde zuerst von
Fabricius (Entomol. syst. suppl., p. 274, No. 59)
als Apis Indica, sodann von Latreille (a. a. O. V.,
S. 172, Nr. 7) als Apis socialis, von Lepeletier
(Hist. nat. d. Ins. Hyménoptères I., p. 404 und 405)
als Apis socialis und dorsata, endlich von Guérin (Ico-
nogr. du règne animal, p. 461) als Apis Delesserti beschrieben.

b) Der Hinterleib ist auf den beiden ersten Segmenten bis
zum Hinterrande, auf dem dritten nur an der Basis rothgelb, im Übrigen schwärzlich braun mit lichtgelben Haar-
binden. Das Schildchen ist vorwiegend hell, zuweilen jedoch auch schon schwärzlich gefärbt, die Behaarung des
Thorax mehr braungelb, des Scheitels meist rußfarbig.
Das Kopfschild ist in der Mehrzahl der Fälle ganz schwarz,
seltner an der Spitzenhälfte röthlich, der Fühlerschaft dunkel. — Hauptsächlich auf Java einheimisch, auch von Poona
(Hope) vorliegend; Latreille (a. a. O. V., S. 173,
Nr. 8) beschrieb diese Form als Apis Peronii.

c) Der Hinterleib ist nur noch auf der Vorderseite des ersten
und an der Basalhälfte des zweiten Segmentes rothgelb,
übrigens schwarzbraun gefärbt. Die Behaarung ist wie
bei b, das Schildchen theils schwärzlich, theils rothgelb.
Mit schwarzem Kopfschilde und Fühlerschaft ist diese Varietät in Pondichery und auf Ceylon einheimisch und von
Guérin (Iconographie, p. 460 f.) als Apis Perrottetii
beschrieben worden; diejenige mit rothem Kopfschilde und
hellerem Fühlerschaft hat Smith (Journal of proceed.
of the Linnean soc. V. 1861, p. 93) von Macassar auf

Celebes als Apis nigrocincta bezeichnet. Letztere habe ich neuerdings in größerer Anzahl auch von Luzon durch Herrn Jagor erhalten, doch war sie mit der ersteren (Kopfschild und Fühlerschaft schwarz) zu fast gleichen Theilen untermischt.

Wenn Knox in seiner Beschreibung Ceylon's (a. a. O., S. 62) sagt: „Die erste Art von Honigbiene sind die Memasses, welche ganz unsere Bienen sind, wie wir sie in England haben; sie bauen sich in hohlen Bäumen an, in welche man hineinbläst und aus denen man, ohne Furcht gestochen zu werden, Wachs und Honig fortnimmt", so scheint er wohl die Apis Indica, welche er irriger Weise für die Europäische Art hält, damit gemeint zu haben. Dieselbe ist abgesehen von ihrer beträchtlich geringeren Größe und trotz ihrer Variabilität in der Färbung, leicht an der hell rostroth gefärbten Oberlippe zu erkennen.

Die dritte Ostindische Art endlich, welche Latreille irriger Weise für die Apis Indica Fab. hielt, die aber nach Vergleich des Fabricius'schen Original=Exemplares dessen Anthophora florea (Entom. syst. II., p. 341, No. 118) ist und also Apis florea Fab. genannt werden muß, ist die kleinste aller bekannten Arten, indem die Arbeiter derselben kaum über $3\frac{1}{2}$ Lin. messen. Es liegen mir von derselben neben Arbeitsbienen von Tranquebar, Java (Westermann) und Poona (Hope) auch Arbeiter und Drohnen von Ceylon (Nietner) vor. Nach diesen Exemplaren zu urtheilen, zeigt die Art eine viel geringere Variabilität in der Färbung als die vorhergehenden; nur junge und nicht vollständig ausgefärbte Arbeiter=Individuen lassen eine fast ganz lichte Färbung des Hinterleibes, verbunden mit einer gleichen (rostrothen) der Beine, des Fühlerschaftes und des Kopfschildes erkennen. Bei vollständig ausgebildeten Exemplaren zeigt sich dagegen die Färbung folgendermaßen: Der Kopf ist mit Einschluß der Oberlippe und Fühler schwarz, nur die Stirnhöcker rostroth; der Thorax und die Beine gleichfalls schwarz und wie der Kopf weißlich behaart. Am Hinterleib sind in der Regel die beiden ersten Segmente ganz ziegelroth, die folgenden schwarz gefärbt und an ihrer Basis schneeweiß befilzt; seltner nimmt auch das dritte

Segment die rothe, noch seltner das zweite Segment zum Theil die schwarze Farbe an. Die Flügel sind glashell, rostgelb geadert. — Die muthmaßlich zu diesen Arbeitern gehörenden Drohnen, auf welche die Apis lobata Smith (Catalogue of Hymenopterous Insects, Apidae, p. 416, No. 10) zu beziehen ist, sind beträchtlich größer als die Arbeiter, nämlich $4\frac{3}{4}$ Lin. lang. Ihr Körper ist ganz schwarz, der Thorax und die beiden Basalsegmente des Hinterleibes gelblich grau, die Spitze des letzteren dagegen schwarzhaarig; der dritte und vierte Ring nackt, speckartig glänzend. Als plastische Merkmale, welche dieser Drohne im Gegensatz zu der Europäischen zukommen, sind hervorzuheben: 1) Der Kopf ist stärker gewölbt und die Augen daher größer. 2) Die Fühler sind sehr kurz, ihre Geißel kaum doppelt so lang als der Schaft. 3) Der Metatarsus der Hinterbeine ist in sehr eigenthümlicher Weise gegabelt; der äußere Ast dieser Gabel ist der dickere, auf der Außenseite polsterförmig aufgetrieben, innen behaart und trägt an seiner Spitze die folgenden Tarsenglieder, der innere hat etwa die Form und Stellung eines Daumens und erreicht nur $\frac{2}{3}$ der Länge des äußeren. — Eine ohne Frage der vorstehenden Art angehörende Wabe hat Latreille (Annales du Muséum d'hist. nat. IV., p. 386, pl. 69 und Recueil d'observations de Zoologie, p. 302 ff., pl. 21) beschrieben und abgebildet. Ihrer Substanz nach stimmt sie genau mit den Waben der Apis mellifica überein, ihre Zellen sind in gleicher Weise hexagonal, zweizeilig angelegt und mit ihrer Basis alternirend und ineinandergreifend. Der Unterschied in der Größe der Zellen ist ein sehr beträchtlicher, indem erst $33\frac{2}{3}$ Zellen der Apis florea dieselbe Längs-Ausdehnung einnehmen wie $18\frac{1}{2}$ von Apis mellifica; bei beiden Arten würden sie sich also wie 3 : 5 verhalten und 60,000 Individuen der Ostindischen Art in demselben Raum wie 24,000 der gemeinen Honigbiene Platz haben. Die an der Wabe neben den Arbeiterzellen befindlichen Drohnenzellen sind merklich größer, sehr viel dickwandiger und fast von cylindrischem Lumen.

Über das Vorkommen von Honigbienen auf Ceylon giebt J. E. Tennent (Ceylon, an account of the island etc.

London 1859, 8"·, I., p. 257) folgende Notiz, die sich wohl hauptsächlich auf die beiden letztgenannten Arten bezieht: „Verschiedene Arten Bienen, von denen einige stachellos sind und manche kaum die Größe einer Stubenfliege überschreiten, lagern ihren Honig in hohlen Bäumen ab oder hängen ihre Nester an Baumästen auf. Die Ausbeutung ihrer Producte bildet für die uncivilisirten Veddahs eine der Haupt-Einnahmequellen, indem dieselben das von ihnen gesammelte Wachs aus den Hochlands-Wäldern nach der Ebene bringen, um es dort gegen Pfeilspitzen und Kleider zu vertauschen. Ich habe nie gehört, daß auf Ceylon irgend Jemand von Bienen angegriffen worden sei und übereinstimmend versichern die Eingeborenen, daß diejenigen Arten, welche am meisten Honig und Wachs produciren, keinen Stachel besitzen."

Von der Acclimatisation in diesem Schriftchen ausgehend, kehren wir zu derselben an seinem Schlusse noch einmal zurück. Man könnte uns vorwerfen, in demselben viel von Varietäten, dagegen von wenigen Arten gehandelt zu haben, so daß wir von solchen, die sich zu einer Acclimatisation in Europa eigneten, nur eine geringe Auswahl anzubieten hätten. Letztere ist indessen doch nicht so dürftig, wie es auf den ersten Blick scheinen möchte, da in Bezug auf praktische Bienenzucht Art und Varietät gleiches Interesse und gleichen Werth haben. Zeigt uns eine Varietät scharf ausgeprägte Merkmale in Größe, Färbung und dergl., so können wir ziemlich sicher sein, daß damit auch gewisse Eigenthümlichkeiten in ihrem ganzen Wesen verbunden sind. Rühmt man ja schon der Italienischen Biene, wenn auch über ihren größeren Sammelfleiß die Ansichten noch divergiren, allgemein eine mindere Stechlust nach! Letztere Eigenschaft würde nach den Angaben der Afrikanischen Reisenden den Bienen dieses Erdtheiles im Allgemeinen zukommen und da diese sich überdem durch etwas geringere Größe und helle Färbung vortheilhaft auszeichnen, so würde es sich nur fragen, aus welcher speciellen Gegend Afrika's man dieselben am vortheilhaftesten nach Europa einführen könnte. Ich meinerseits würde zur Acclimatisation, um zunächst von den Varietäten der Apis mellifica zu reden, vor Allen die Ägyptische Biene empfehlen. Für den Bienenzüchter, der schon auf seine schmucken Italienerinnen stolz ist, müßte diese Biene Ägyptens mit ihrer schlanken, zierlichen Gestalt, ihrer eleganten Färbung und ihrem feinen weißen Pelz im Leben eine wahre Augenweide sein! Ihre Übersiedelung würde bei der kurzen Seereise (von fünf bis sechs Tagen) nach Triest eine leichte, die Beschaffung befruchteter Königinnen, da sie in Ägypten domesticirt ist, gewiß ohne Schwierigkeiten sein. Welche und wie große Vortheile sie darbieten wird, kann allein die Erfahrung lehren; in jedem Fall empfiehlt sie sich aber von allen Varietäten der Honigbiene durch ihr Äußeres am meisten zu Einführungs-Versuchen. Da sich dieselbe Form fast übereinstimmend in Syrien vorfindet und hier ohne Frage gleichfalls domesticirt ist, so möge man auch gleichzeitig aus Damaskus Ableger verschreiben, die schon des Vergleiches halber Interesse beanspruchen würden. Nach der Ägyptischen scheint mir zumeist die Biene von der Küste Klein-Asiens, besonders von Rhodus empfehlenswerth; sie würde mindestens dieselben Chancen für sich haben, als die mir bisjetzt nicht näher bekannte vom Hymettus, deren Importation bisjetzt leider mißglückt ist. — Hiermit wäre nun freilich die Reihe der leichter zu beschaffenden Bienen bereits abgeschlossen. Was diejenigen betrifft, deren Einführung wenigstens für die nächste Zeit wohl noch einige Schwierigkeiten bereiten möchte, so können wir von den im östlichen Asien, so wie im mittleren und südlichen Afrika vorkommenden hellgefärbten Varietäten der Europäischen Biene zunächst wohl ohne Weiteres absehen; nach ihrer äußeren Erscheinung steht kaum zu erwarten, daß sie uns größere Vortheile als die Ägyptische bringen werden. Dagegen würde uns von den Ostindischen Bienen vor Allen die ebenso große als stattliche Apis dorsata mit ihrem besonders wohlbestellten und daher einen reichen Ertrag versprechenden Sammelapparat reizen müssen; da sie zugleich von friedfertigem Naturel ist, auch einen besonders schönen Honig bereitet, so würde sie allen Anforderungen entsprechen und es würde sich eben nur fragen, ob sie sich als ein Kind der Tropen an ein nördlicheres Clima gewöhnen

ließe. Zunächst würde für eine Überführung nach Europa natür=
lich eine Domesticirung derselben an Ort und Stelle, also z. B.
auf Java oder noch besser auf Ceylon vorgenommen werden müs=
sen, was leider bisjetzt noch nicht statt gefunden hat: wenigstens
versichert mich Herr Jagor, der erst kürzlich von einem länge=
ren Aufenthalte in Hinterindien, auf Java und den Philippinen
zurückgekehrt ist, daß er weder die hier in Rede stehende Art,
noch die Apis Indica irgendwo gezähmt angetroffen habe. Viel=
leicht würden sich Plantagen=Besitzer auf Ceylon, z. B. Herr
J. Nietner, dazu bestimmen lassen, die Apis dorsata daselbst
in Bienenstöcke einzuschlagen; gelänge dies, so wäre es wohl
zweckmäßig, den Transport über die Landenge von Suez zu ver=
suchen und den neuen Ankömmling zunächst im Süden Europa's
einzubürgern, um ihn allmählich an unser Clima zu gewöhnen.

Natürlich ist es leicht, dergleichen Rathschläge zu geben,
schwer, dieselben auszuführen. Wenn ich es unternommen,
den Bienenzüchtern mit Empfehlungen für die Acclimatisation
entgegenzutreten, so geschah es nur in der Überzeugung, daß
die Praxis es allein in der Hand hat, der Wissenschaft in der
Erforschung eines so merkwürdigen Thieres, wie die Honigbiene,
den Weg zu bahnen. Wie Großes hat bereits ein Praktiker dazu
beigetragen, daß die Physiologie eine der auffallendsten Thatsachen
in der Fortpflanzungsgeschichte, die Parthenogenesis, nachweisen
konnte! — wie mannigfache Verhältnisse bleiben aber noch auf=
zudecken und wieviel kann die Apistik dabei auch ferner, besonders aber durch Züchtung fremdländischer Bienen leisten! Indem
ich auf letztere die Aufmerksamkeit meiner Leser hinlenke, für meine
Zeilen aber ihre Nachsicht in Anspruch nehme, heiße ich die elfte
Wander=Versammlung Deutscher Bienenwirthe in der Mark
Brandenburg bestens willkommen!

Bericht über den Stand der Bienenzucht in der Mark.

Von
Rouvel, Pastor,
Vorsteher des Märkischen Vereins.

Die Königlich Preußische Provinz Brandenburg, die wir hier „die Mark" nennen, gehört in ihren beiden Regierungs=Bezirken, Potsdam und Frankfurt, zu den honigarmen Gegenden. Nur sehr kleine Landstriche darin liefern den Bienen reichliche Nahrung vom Frühjahre bis zum Herbste, der größere Theil bietet nur Blumen für den Sommer. Der Grund dieser für den Imker unerfreulichen Thatsache liegt nicht in dem vorwiegend sandigen Boden, sondern in dem guten Anbau desselben; denn wo der Landwirth für das tägliche Brot arbeitet, bleibt wenig Raum für „die Poesie", und je mehr der Grundsatz zur Geltung kommt: „daß da kein Baum stehen darf, wo noch ein Roggenhalm wachsen will", desto mehr weicht die kleine Honigträgerin zurück. Dennoch findet sich in der ganzen Mark nur sehr selten ein Dorf, welches keine Bienen hat. Diese Veröbung kommt besonders da vor, wo die Zuckerrübe herrscht, z. B. in der nächsten Umgebung der Stadt Wriezen. Es wird aber durchweg die Bienenzucht nur als Nebenbeschäftigung getrieben und eigentlich große Stände mit Hunderten von Stöcken giebt es nicht. Schon Gleditsch (1769) in seinem Buche „Betrachtung über die Beschaffenheit des Bienen= standes in der Mark Brandenburg" klagt sehr über Abnahme der Bienen und giebt allerlei guten Rath zum Anbau der Honigkräu= ter. Es scheint aber seitdem nicht besser geworden zu sein: denn die große Mehrzahl der 600 Originalberichte, welche dem Schrei= ber dieser Zeilen in den letzten Wochen zugegangen sind aus allen Gegenden der Mark, bringen dieselbe Klage. Die Stimmen der Freude lassen sich nur selten hören. Desto erquicklicher ist eine Nachricht aus dem Dorfe Lunow bei Oberberg, die wohl verdient, allgemeiner bekannt zu werden, und deshalb hier eine Stelle fin=